Elija al mejor

Cómo entrevistar por competencias

Director de la colección
Ernesto Gore

Diseño de tapa
MVZ ARGENTINA

MARTHA ALICIA ALLES

Elija al mejor
Cómo entrevistar por competencias

Las preguntas necesarias
para una buena selección
de personal

GRANICA

BUENOS AIRES - MÉXICO - SANTIAGO - MONTEVIDEO

© 1999, 2003, 2004, 2005, 2006, 2007 by Ediciones Granica S.A.
Primera edición: junio de 1999
Segunda edición, revisada y ampliada: abril de 2003
Cuarta reimpresión: agosto de 2006
Quinta reimpresión: diciembre de 2007
© 1999, 2003, 2004, 2005, 2006, 2007 *by* Martha Alles S.A.
Talcahuano 833 (Talcahuano Plaza), piso 2,
Buenos Aires, Argentina
Tel. +54-11-48154852
Email: alles@marthaalles.com.ar

BUENOS AIRES Ediciones Granica S.A.
Lavalle 1634 - 3º G
C1048AAN Buenos Aires, Argentina
Tel.: +5411-4374-1456
Fax: +5411-4373-0669
E-mail: granica.ar@granicaeditor.com

MÉXICO Ediciones Granica México S.A. de C.V.
Cerrada 1º de Mayo 21
Col. Naucalpan Centro
53000 Naucalpan, México
Tel.: +5255-5360-1010
Fax: +5255-5360-1100
E-mail: granica.mx@granicaeditor.com

SANTIAGO Ediciones Granica de Chile S.A.
San Francisco 116
Santiago, Chile
E-mail: granica.cl@granicaeditor.com

MONTEVIDEO Ediciones Granica S.A.
Salto 1212
11200 Montevideo, Uruguay
Tel.: +5982-410-8026
Fax: +5982-418-2977
E-mail: granica.uy@granicaeditor.com

www.granica.com

Reservados todos los derechos, incluso el de reproducción
en todo o en parte, en cualquier forma

ISBN 10: 950-641-392-4

Hecho el depósito que marca la ley 11.723

Impreso en Argentina. *Printed in Argentina*

Alles, Martha Alicia
  Elija al mejor : cómo entrevistar por competencias. - 2a ed.
5a reimp. - Buenos Aires : Granica-Adelphi, 2007.
  256 p. ; 23x18 cm. - (Alles)

  ISBN 950-641-392-4

  1. Selección de Personal 2. Entrevistas I. Título
  CDD 658.311

ÍNDICE

PRESENTACIÓN 13

PARTE I: LA ENTREVISTA

Capítulo 1
La ciencia o el arte de entrevistar 17
    Concepto de entrevista 18
    Distintos tipos de preguntas para la entrevista 19
    La entrevista focalizada 21
    Cómo entrevistar a candidatos que tienen problemas 22
    Qué debe evitar durante la entrevista 25

Capítulo 2
La preparación para la entrevista 27
    El perfil y el currículum 27
    Preparación para la entrevista 29

Capítulo 3
Los primeros 60 segundos. Crear el clima 33
    Preguntas iniciales y 19 sobre datos personales y familiares 33
    El inicio de la entrevista 37

Capítulo 4
40 preguntas sobre la formación 39
    Nivel educacional (si es universitario) 39
    Otras preguntas sobre formación 40

Capítulo 5
72 preguntas sobre la trayectoria laboral 43
    Experiencia y entrenamiento 45

Capítulo 6
57 preguntas para determinar la adaptabilidad del candidato 47
    Preguntas para postulantes que cambian de empleo con frecuencia 49
    Preguntas para postulantes que han trabajado mucho tiempo
    en una compañía 49
    Preguntas que allanan las respuestas 50

Capítulo 7
30 preguntas sobre la adaptabilidad al puesto 51
    Preguntas acerca de investigación sobre el puesto 51

Capítulo 8
30 preguntas sobre capacidad de liderazgo y de trabajar en equipo 55

Capítulo 9
80 preguntas sobre personalidad 57
    Aspectos específicos de la personalidad 57
    Preguntas difíciles 59

Capítulo 10
192 preguntas sobre capacidades específicas 63
    Acerca de cómo gerenciar/supervisar 63
    Acerca del manejo de proyectos y la toma de decisiones 64
    Acerca de las habilidades de comunicación 65
    Acerca del manejo de los recursos humanos 66
    Acerca de presupuestos y control 67
    Acerca de marketing, ventas y servicio al cliente 68
    Acerca de la informática y la tecnología 70
    Para jóvenes aspirantes a su primer empleo 72

Capítulo 11
**24 preguntas sobre otros intereses y para evaluar la manera de pensar
o el sentido común** 75

Capítulo 12
32 preguntas sobre temas económicos y objetivos profesionales 77
    Aspectos económicos 77
    Objetivos profesionales 78

Capítulo 13
10 preguntas de cierre 81

Capítulo 14
50 preguntas que usted deberá responder 83
　Preguntas que los entrevistadores pueden suponer
　que les formularán los aspirantes 84

Capítulo 15
40 preguntas personales reñidas con el buen gusto 87
　Las preguntas que no deben hacerse 87

Capítulo 16
La importancia del registro de la entrevista 91
　Durante la entrevista se anotan todos aquellos datos
　sobre los que responde el entrevistado 91
　Modelo de evaluación de diferentes candidatos 92

PARTE II: ENTREVISTAR POR COMPETENCIAS

Capítulo 17
¿Qué es entrevistar por competencias? 103
　¿Qué es una competencia? 105
　Ejemplos prácticos 108
　¿Quién define las competencias? 110
　¿Cómo aplicar competencias al proceso de selección? 111
　Perfil de puesto por competencias 113
　La selección por competencias 113
　Las competencias y el proceso de selección 116
　¿Cómo relacionar las partes I y II de este libro? 120
　Una advertencia antes de continuar... 120

Capítulo 18
Entrevistar por competencias. Jóvenes profesionales sin experiencia laboral. 106 preguntas para niveles iniciales 123
　Iniciativa - Autonomía 124
　Dinamismo - Energía 125

Responsabilidad 126
Orientación al cliente interno y externo 127
Capacidad de aprendizaje 128
Productividad 128
Alta adaptabilidad - Flexibilidad 129
Liderazgo 130
Team work (trabajo en equipo) 131
Tolerancia a la presión 131
Modalidades de contacto 132
Habilidad analítica 133
Expectativas de desarrollo profesional 134
Motivaciones frente al nuevo cargo 134

Capítulo 19
Entrevistar por competencias. Personas con experiencia e historia laboral. 171 preguntas para niveles intermedios 135

Iniciativa - Autonomía - Sencillez 136
Dinamismo - Energía 137
Empowerment 138
Orientación al cliente interno y externo 140
Alta adaptabilidad - Flexibilidad 141
Liderazgo 143
Modalidades de contacto 144
Colaboración 146
Competencia - Capacidad 146
Franqueza - Confiabilidad - Integridad 148
Nivel de compromiso - Disciplina personal - Productividad 148
Habilidad analítica 149
Expectativas de desarrollo profesional 150
Motivación para el cambio 151

Capítulo 20
Entrevistar por competencias. Personas con experiencia e historia laboral. 47 preguntas para niveles ejecutivos 153

Pensamiento estratégico 154
Liderazgo para el cambio 155
Relaciones públicas 156

Habilidades mediáticas	157
Desarrollo de su equipo	158
Portability/cosmopolitismo/adaptabilidad	159

Capítulo 21
Ejercicio para comparar candidatos entrevistados por competencias 161
    Comparación de distintos candidatos en la selección
    por competencias 164

Capítulo 22
La entrevista en profundidad 167
    Preguntas con relación al perfil y preguntas sobre un individuo
    en particular 168
    ¿Cómo elegir las preguntas más adecuadas según el perfil? 169
    Preparemos juntos las preguntas antes de la entrevista 169
    A modo de ejercitación. Analicemos respuestas
    a preguntas específicas 172

Capítulo 23
Entrevista por competencias para especialistas 177
    Consejos para el momento de relevar el perfil por competencias 181
    Dificultades en la aplicación práctica de la selección
    por competencias. Un caso real 184
    Pasos para realizar la selección 187
    La entrevista por competencias estructurada 190
    Ubicación de la entrevista por competencias
    en un proceso de selección 191
    Diferencia entre la evaluación psicológica tradicional y la evaluación
    por competencias 193
    Guía para una entrevista por competencias 195

Capítulo 24
La entrevista por incidentes críticos 197
    Cómo planificar una B.E.I. (*Behavioral Event Interview*) 199
    ¿Cómo registrar una B.E.I.? 202
    ¿Cómo, cuándo y dónde aplicar una B.E.I.? 202
    Consejos prácticos para lograr una B.E.I. exitosa 203
    Registro de una entrevista B.E.I. 213

Capítulo 25
La técnica del trabajo durante la entrevista 217
    ¿Qué es "hacer el trabajo" durante la entrevista? 217
    Realizar el trabajo durante la entrevista definitiva 217
    ¿Cuál es el aporte que puede realizar un nuevo colaborador? 220
    Por último 221

PARTE III: EJERCITACIÓN

Capítulo 26
El registro de la entrevista: un caso completo
desde el perfil hasta la síntesis 225
    El perfil 226
    Relevamiento del perfil por competencias... 226
    El anuncio 231
    La entrevista: el diálogo 233
    La entrevista: el registro 236

APÉNDICE

Principales preguntas aceptables y no aceptables
en EE.UU. o filiales de empresas estadounidenses 243

Bibliografía 249

Unas palabras sobre la autora 251

PRESENTACIÓN

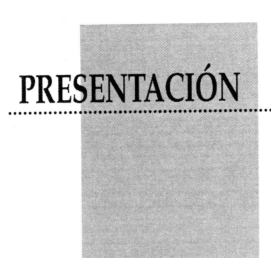

El propósito de este libro es servir de guía y fuente de consulta para todos aquellos que en forma circunstancial o continua, directa o indirecta, se vinculen con la entrevista como herramienta del proceso de selección de personal.

Quienes realizan la tarea ocasionalmente, los recién iniciados y los especialistas en RR.HH,, encontrarán aquí más de mil preguntas, sistematizadas y organizadas, entre las que podrán elegir las que más convengan a cada caso y a las que podrán agregar las que consideren pertinentes sobre la base del marco teórico que las sustenta.

En la Parte I se explica cómo comenzar, desarrollar y registrar una entrevista. Aunque está dirigida en particular a los principiantes, será útil también para los expertos, gracias a los cuestionarios clasificados y amplios, ideas originales y sugerencias surgidas de veinte años de experiencia. Contiene un apartado para los futuros jefes del candidato, a los que sugerimos una técnica especial denominada "hacer el trabajo durante la entrevista", aplicable en las instancias finales del proceso de selección.

También hemos introducido un aspecto importante en un mundo globalizado como el actual, tal como es el de las preguntas inaceptables desde el punto de vista legal en otros países, y aquellas que consideramos inaceptables desde el punto de vista ético en cualquier parte del mundo.

En la Parte II se detalla, tanto para los profesionales como para los que no dominan el tema, cómo aplicar las preguntas en el proceso de selección por competencias.

Incluye un ejercicio de comparación de competencias entre postulantes, y un glosario de competencias con definiciones en tres niveles: jóvenes profesionales o nivel inicial, nivel gerencial intermedio y nivel ejecutivo, donde a su vez enumeramos las que consideramos necesarias para conducir una empresa en el siglo XXI.

En la Parte III, a manera de compendio, se presenta un ejemplo concreto de cómo registrar una búsqueda desde la confección del perfil hasta la síntesis de la entrevista.

En esta edición se ha revisado toda la obra y se han incorporado tres nuevos capítulos: "La entrevista en profundidad", donde presentamos al lector pautas sencillas y prácticas para combinar distintas preguntas, a fin de realizar la más profunda observación que sea posible en un lapso de 40 minutos a una hora, duración habitual de las entrevistas de selección; "Entrevista por competencias para especialistas", para los interesados en profundizar el tema, y "La entrevista por incidentes críticos", donde se explican los distintos pasos y se incluye una sección de consejos y formularios.

PARTE I

LA ENTREVISTA

CAPÍTULO 1

LA CIENCIA O EL ARTE DE ENTREVISTAR

Dada, como se sabe, la escasez de candidatos adecuados, es necesario ser muy buenos entrevistadores para detectarlos. Nuestra tarea puede definirse con la frase "separar la paja del trigo". Muchos relucen como oro y no lo son, y otros no brillan pero esconden personalidades muy interesantes.

Nuestro desafío es ver más allá de las apariencias.

Las buenas selecciones se nutren de buenos candidatos y de buenos reclutadores. Para serlo, estos últimos deben conocer y cumplir con todos los pasos. Los mayores errores se producen cuando:

- no se releva adecuadamente el perfil. Si usted es el futuro jefe de la persona a entrevistar, con seguridad conoce exactamente lo que quiere pero quizá no reflexionó sobre todos los aspectos necesarios;
- no se analiza la trayectoria previa del postulante;
- no se realizan entrevistas profundas;
- no se prueban técnicas adecuadas (no necesariamente es un examen como los de la universidad, pero sí una evaluación de los conocimientos técnicos);
- se selecciona en una sola instancia. Los métodos más seguros son iterativos, es decir, los que constan de varias etapas;
- no se piden referencias;
- se aceptan personas que no se corresponden con el nivel del puesto, por falta o por exceso.

El éxito requiere tiempo, dedicación, personas entrenadas en entrevistas (o, en su defecto, que soliciten apoyo), un proceso con varios pasos de selección (por lo menos tres: primera entrevista, evaluación y entrevista definitiva) y una confrontación profunda del candidato preseleccionado con el perfil de la búsqueda.

A lo largo de este libro lo guiaremos en el uso de distintas herramientas para ayudarlo a despejar cuál es el candidato apropiado.

Aquellos que poseen experiencia en entrevistas, muchas veces caen en la tentación de usar su *feeling* –que no descarto como elemento adicional–; pero para confirmar o no esa primera impresión es necesario recurrir, además, a la técnica.

Hay personas que tienen una habilidad intuitiva para entrevistar y que sin haberse entrenado para ello han desarrollado su propia técnica. Es posible, también, que leyendo los capítulos siguientes usted encuentre ideas que ya utiliza. Recuerde que muchas preguntas surgen del sentido común.

Una de las principales pautas que hay que respetar es la relación asimétrica que debe existir entre entrevistador y entrevistado. ¿Qué queremos decir con ello? Debe mantenerse el difícil equilibrio entre crear un buen clima –nos ocuparemos de ello más adelante– y conservar el lugar: el entrevistador es quien dirige la entrevista, no el entrevistado.

Esto no supone asumir una actitud autoritaria, pero tampoco todo lo contrario. Una selectora con muchos años de experiencia comentaba en una clase que ella se adjudicaba un papel de protección en las entrevistas y luego –si el postulante ingresaba a la compañía– le hacía un seguimiento no como profesional, sino como madre.

El parámetro más común que aplican los entrevistadores no profesionales y potenciales futuros jefes del entrevistado es el de la rivalidad. Conscientes de ello o no, actúan como si dijeran: *veamos si realmente eres tan bueno como dices.*

Concepto de entrevista[1]

La entrevista es la herramienta por excelencia en la selección de personal; es uno de los factores que más influencia tienen en la decisión final respecto de la aceptación de un candidato.

Es un diálogo que se sostiene con un propósito definido y no por la mera satisfacción de conversar. Entre el entrevistador y el entrevistado existe una co-

---

1. Alles, Martha Alicia, *Empleo: el proceso de selección*, Ediciones Macchi, Buenos Aires, 2001.

rrespondencia mutua y gran parte de la acción recíproca entre ambos consiste en posturas, gestos y otros modos de comunicación. Las palabras, los ademanes, las expresiones y las inflexiones concurren al intercambio de conceptos que constituye la entrevista.

Durante la misma, cada participante tiene su papel y debe actuar dentro de él, estableciendo una norma de comunicación en un marco acotado por el tiempo y el tema a tratar.

Cómo formular las preguntas

La manera de preguntar puede afectar profundamente las respuestas que se reciban. Es importante cómo se formulan las preguntas. Es común que el entrevistador induzca al entrevistado según las expectativas que puso en él o el preconcepto que se formuló, ya sea por referencias o por haber leído sus antecedentes. Tiene que ser neutral para obtener resultados más exactos.

Tampoco es conveniente personalizar de forma tal que el interlocutor pueda considerarse acusado, juzgado o imputado de algo. El entrevistado debe sentirse libre para explayarse.

El éxito de la entrevista depende fundamentalmente de cómo se pregunta y de saber escuchar. Para ello es importante:

- tratar de formular las preguntas de manera que puedan comprenderse fácilmente;
- efectuar una sola pregunta por vez;
- evitar que las preguntas condicionen las respuestas;
- no formular preguntas directas hasta que se tenga la convicción de que la persona entrevistada está dispuesta a facilitar, con exactitud, la información deseada;
- formular inicialmente preguntas que no induzcan a eludir la respuesta ni a adoptar una actitud negativa.

Distintos tipos de preguntas para la entrevista

Preguntas cerradas

Las que se pueden contestar con una sola palabra, por lo general, sí o no. De la respuesta suele derivar otra pregunta.

Preguntas de sondeo

Sencillas y cortas tales como: ¿por qué?, ¿cuál fue la causa?, ¿qué sucedió después?, etcétera.

Preguntas hipotéticas

Se le presenta al entrevistado una situación hipotética, un caso, por ejemplo que se relacione con el puesto o la empresa, para que lo resuelva: "Qué haría usted si...?", "¿Cómo manejaría usted...?", "Cómo resolvería usted...?", "En caso de que...". Estas son relativamente peligrosas, por lo tanto no las recomendamos.

En un único caso las preguntas hipotéticas son pertinentes: cuando usted desee evaluar conocimientos. Por ejemplo, si desea conocer si su entrevistado sabe la técnica para confeccionar un presupuesto puede preguntar: "¿Cómo haría usted el presupuesto de la empresa para el próximo ejercicio?". Muchas de las sugerencias que siguen han sido inspiradas por la bibliografía sobre el tema, pero la mayor parte de ellas se derivan de nuestra propia experiencia en consultoría y la práctica docente.

Entre otras, tengo a mi cargo una cátedra en el posgrado de RR.HH. de la Universidad de Buenos Aires; una vez estábamos trabajando con los alumnos las preguntas en la entrevista, en forma teórica y a través de un *role playing*. Cuando encaramos el tema de las preguntas hipotéticas, una alumna que no había entendido que *no* eran convenientes, continuó utilizándolas en el *role playing*.

Al volver sobre la parte teórica le dije: "Yo puedo contarte qué haría si en este momento entrara un ladrón, y darte una descripción fantástica de mi reacción, pero sólo en un caso real se verá cómo actúo... quizá sólo me meto debajo de la mesa... y no hago nada de lo que describí...". Creo que de todos modos no aceptó mi punto de vista y me imagino que aún hoy debe continuar utilizando las preguntas hipotéticas convencida de que le son útiles.

Preguntas malintencionadas

Obligan al entrevistado a escoger entre dos opciones indeseables. No son útiles y tampoco aconsejables.

Preguntas provocadoras

No las incluimos en nuestra metodología de trabajo pero sus defensores sostienen que son muy útiles para evaluar la reacción del candidato. Se las formula repentinamente, de modo que además interviene el factor sorpresa.

"Algunos managers sensitivos y capaces sufren un cambio de personalidad durante la entrevista de selección. Tal vez la razón de esto sea la oportunidad de ser Dios con la carrera de otra persona... Tal estilo tiene muchas desventajas, entre ellas que dejará una mala imagen en todos los candidatos, aun en el que le interesa..." [2]

Preguntas que sugieren la respuesta esperada

Aquellas donde es claro qué se espera que el entrevistado responda, por ejemplo: "Usted se propone terminar su carrera, ¿verdad?".

Preguntas abiertas

Inducen al entrevistado a explayarse sobre el tema y permiten obtener mucha información y evaluar otros aspectos de su desempeño: modalidad de expresión y relación, utilización del lenguaje, capacidad de síntesis, lógica de la exposición, expresión corporal, etc. Si el aspirante es muy locuaz y se desvía del foco de la entrevista, recuerde que usted es el entrevistador y puede interrumpir una explicación irrelevante con una frase tal como "Nos estamos alejando del objetivo de esta reunión, ¿por qué no volvemos a...?", e indicar algo en relación con el tema que desea evaluar: conocimientos específicos, experiencia laboral, etcétera.

Un ejemplo de pregunta abierta es: "Cuénteme sobre su experiencia en...".

También se puede hablar de distintos tipos de entrevistas en cuanto a la temática: biográfica[3] o por incidentes críticos, que desarrollaremos a partir del Capítulo 17.

La entrevista focalizada

De Ansorena Cao[4] plantea un concepto interesante al que denomina *entrevista focalizada*, entendiendo por ella una entrevista encaminada a determinar las características personales, físicas, profesionales y conductuales de los candidatos. Son sus objetivos:

---

2. Hackett, Penny, *The selection interview,* Institute of Personnel and Development, Londres, 1995.
3. Hacket, Penny, obra citada.
4. De Ansorena Cao, Álvaro, *15 pasos para la selección de personal con éxito,* Paidós Empresa, Barcelona, 1996.

- recabar información inicial sobre el postulante;
- explorar en alguna medida su trayectoria profesional y personal, así como sus competencias conductuales específicas para el puesto;
- explorar el área motivacional del candidato y su posible ajuste socioafectivo al equipo de trabajo en el que se espera su incorporación;
- aportar información sobre el puesto para el que se lo selecciona, de modo que el candidato evalúe en profundidad su interés en él;
- motivar y alentar al candidato para que continúe en el proceso de selección hasta el final.

Uno de los propósitos de la entrevista es evaluar la adecuación o no del aspirante al puesto vacante. Un buen instrumento es indagar sobre las competencias requeridas, para lo que es fundamental bucear en su historia con preguntas tales como: ¿Qué pasó?, ¿Dónde?, ¿Con quién?, ¿Cuándo?, ¿Cómo?, y apuntando a las tareas específicas: ¿Cuál era su tarea concreta en la situación? ¿Qué resultados debía obtener? ¿Por qué eran importantes estos resultados? Para completar con: ¿Qué hizo usted? ¿Qué dijo? ¿A quién? ¿Qué pasó? ¿Qué pasó después? ¿Cuál fue el resultado? ¿Cómo lo supo? Con esta secuencia usted podrá reconstruir la historia completa.

En el Capítulo 17 volveremos a referirnos a la entrevista, pero exclusivamente con el enfoque de la entrevista por competencias, temática a la cual dedicaremos la Parte II de esta obra.

Cómo entrevistar a candidatos que tienen problemas

En muchas ocasiones nos encontraremos con situaciones problema, ya sea porque el entrevistado tiene dificultades para relacionarse, o porque la circunstancia de entrevista lo inhibe.

Un caso típico es el de la persona que no desea en ese momento decir cuál es su salario actual. En una ocasión entrevistaba a un joven abogado y en forma directa le dije: "Cuando usted va al médico seguramente le contará dónde le duele" y, ante su sorpresa, agregué: "Cuando usted le encarga una decoración a un arquitecto, ¿le dice cuántas personas vivirán en la casa para que pueda saber cuántas camas deberá prever?". Su respuesta, con una sonrisa, fue: "Me convenció; mi salario anual es de...". Le expliqué que el dato no era relevante en esa ocasión, pero que, en el futuro, si no confiaba en el consultor, no debía reunirse con él. Y si confiaba, tenía que aceptarlo.

La mayor parte de los candidatos ansían producir una buena impresión al entrevistador. Tratan de contestar todas las preguntas de la manera más completa posible, de proyectar un lenguaje corporal positivo y de hacer preguntas apropiadas. Pero veamos algunas situaciones diferentes.

Los nerviosos

Intente detectar desde el primer momento si el candidato está nervioso. Si es así extienda la primera parte de la reunión e inicie el diálogo específico con alguna pregunta sobre su colegio, su época de estudios en la universidad, etc., es decir, sobre algún tema que se relacione con el objetivo central de la entrevista pero que usted suponga que lo tranquilizará. Muchas veces las personas guardan muy buenos recuerdos de sus épocas estudiantiles y esto puede ser útil para aplacar los nervios.

Los que hablan demasiado

Este es para mí, aun después de más de veinte años de entrevistar, el problema más difícil. Deseo dejar siempre una buena imagen en mi entrevistado, pero por sobre todas las cosas deseo que se sienta bien durante la entrevista, por lo tanto me cuesta interrumpirlo sin ser agresiva. Y los conocidos son los peores.

Hay personas que responden lo que no se les ha preguntado y se explayan sobre temas carentes totalmente de interés. Fear y Chiron[5] sugieren la interrupción como una forma de retomar el control de la entrevista en el caso de los que hablan demasiado. Usted debe recordar que el entrevistador es quien está encargado de conducir la entrevista, por lo tanto frases tales como "Volvamos a nuestro tema central" o "Por qué no me relata exactamente cuáles eran sus responsabilidades en..." pueden ser formas de reencauzar un diálogo. Y si tiene la sensación de que la entrevista llegó a su fin, un cierre posible sería: "La conversación ha sido muy interesante; ya tengo suficiente información sobre usted, lo llamaremos la semana próxima...".

Si todo esto no le da resultado, puede recurrir al lenguaje corporal: acomodar las cosas sobre su escritorio, sacar una tarjeta como para dársela y por último, ponerse de pie, son las medidas extremas cuando las meras palabras no son suficientes.

---

5. Fear, Richard A. y Chiron, Robert J., *The evaluation interview*, McGraw-Hill, Nueva York, 1990.

Los agresivos

Una vez una persona no quería brindar información sobre su actual empleo. Había acudido en respuesta a un aviso, no convocada por *head hunting*. Se puso agresiva con una de nuestras mejores colaboradoras y la amenazó con que tenía buenos contactos con otros socios de la empresa y que le haría pagar por ello. La situación tomó tal magnitud que intentó arrebatar papeles del escritorio y recuperar una ficha de antecedentes que se le había solicitado completar. La entrevistadora le devolvió a su pedido el currículum que nos había enviado y ella misma rompió en su presencia el papel interno de la consultora, ya que no quiso entregárselo tal como la persona lo exigía. No me extenderé sobre la anécdota, pero el profesional entrevistado gritó y la entrevistadora debió pedirle en voz alta que se retirara.

Desde ya esta persona no llamó a ningún socio, ya que sus amenazas eran sólo un truco para obtener un trato preferencial.

Sin llegar a extremos como el de nuestra anécdota, es frecuente encontrar hostilidad o pequeñas agresiones. En una ocasión un conocido que había solicitado una entrevista me dijo: "Martha, ¡qué mala cara!, ¿no te has tomado vacaciones?". Las personas desempleadas y las que están pasando por un mal momento laboral son las que más incurren en este tipo de actitudes, y debemos ser comprensivos. Si la situación es de difícil manejo, la única salida amigable puede ser explicarle que si él no se siente bien es preferible hacer la entrevista en otro momento en que se encuentre mejor de ánimo. Usted debe entender que no se le agrede a usted como persona sino en su papel de entrevistador.

Los muy emotivos

Entrevistar a una persona al borde del llanto es también muy difícil. No se compadezca y no actúe usted bajo emoción. Sea amable. Ofrézcale un vaso de agua o invítela a esperar fuera de la oficina unos minutos hasta que recobre su serenidad. Al igual que en el caso anterior, le queda el recurso de posponer la reunión para otro día.

Los dominantes

Todos conocemos casos de personas que se sientan y comienzan con una frase como: "Bueno, en realidad, yo siempre estoy de ese lado del escritorio, por lo tanto ya sé lo que usted quiere saber...". U otros más osados aún que desvían la conversación. Muchas veces sólo tratan de esconder con estas actitudes su propia inseguridad: recuerde que usted es el entrevistador y formule las preguntas que tenga planeadas para este caso.

Qué debe evitar durante la entrevista

- Hablar de usted mismo.
- Demostrar su superioridad en la situación.
- Demostrar acuerdo o desacuerdo con lo que el entrevistado diga.
- Comparar durante la entrevista al candidato con otro entrevistado o con el actual ocupante de la posición que se quiere cubrir.
- Interrumpir al candidato sin razón (sólo se acepta la interrupción si tiene un fin específico).
- Usar terminología que no pueda entender.
- Hablar de cosas irrelevantes.

Y por último: un buen entrevistador será aquel que haya realizado muchas entrevistas. Hay quienes opinan que después de mil se lo puede considerar experimentado. ¡Manos a la obra! Se hace camino al andar.

CAPÍTULO 2

LA PREPARACIÓN PARA LA ENTREVISTA

El perfil y el currículum

Cualquier búsqueda parte de algo elemental:

> **LA LECTURA INTELIGENTE DEL PERFIL REQUERIDO Y DEL CV DE LA PERSONA A ENTREVISTAR**

Cuando se inicie un proceso de selección usted deberá comenzar por leer una cantidad considerable de currículas, ya sea porque se publicó un anuncio o porque se ha hecho una preselección con la ayuda de una base de datos.

El análisis de fondo[1]

El primer punto –y fundamental– es que antes de comenzar la lectura de CVs usted tenga absolutamente en claro los requisitos para el puesto, clasificados en excluyentes y no excluyentes o deseables. Esto le será de mucha utilidad. A partir de los requisitos excluyentes podrá hacer rápidamente tres "pilas" de CVs: los que SÍ cumplen, los que NO cumplen y los dudosos.

SÍ   **NO**   **DUDOSOS**

---

1. Alles, Martha Alicia, *Empleo: el proceso de selección,* Ediciones Macchi, Buenos Aires, 2001.

De Ansorena[2] enfoca también el tema de los requisitos excluyentes.

El incumplimiento de una o más de estas variables equivaldría a un descarte seguro (al menos en una primera instancia de selección).

a) El sexo

A pesar de la evolución social y del lugar preponderante que la mujer ha alcanzado en los últimos años en los puestos ejecutivos, muchos perfiles hacen referencia a este aspecto. Recuerde que este punto puede acarrear problemas en los países donde estos criterios son considerados como prácticas discriminatorias (ver Apéndice).

También es cierto que muchas veces se parte de un prejuicio que luego puede ser modificado; el selector deberá despejar si se trata de eso o de un requisito verdaderamente excluyente de la búsqueda, comparta él o no el criterio elegido.

b) La edad

Para este punto valen los mismos criterios sobre la figura de discriminación que se aplica en muchos países.

En general, cuando el cliente –interno o externo– plantea la búsqueda, se refiere a rangos de preferencia "entre 30 y 40 años", "de 25 a 35", "no mayor de...", etc. Por lo general se plantea que el candidato no esté excluido de un determinado límite generacional buscado para satisfacer los lineamientos del perfil requerido.

Cuando el CV difiere por más del 10% del rango previsto convendrá dejarlo en la lista de los dudosos y consultar a nuestro cliente en el caso de que los restantes requisitos estén cubiertos satisfactoriamente. (Este comentario es válido para los especialistas del área de Recursos Humanos.)

c) La idoneidad

Cuando entre los aspectos que constituyen un perfil figura explícitamente la necesidad de un determinado título universitario, es deber del selector respetar este requisito.

---

2. De Ansorena Cao, Álvaro, *15 pasos para la selección de personal con éxito*, Parte segunda. Paidós Empresa, Barcelona, 1996.

La coherencia de la historia laboral

Este nivel exigirá agudizar la lectura interpretativa para desentrañar la información no explícita, verificar la coherencia interna del discurso, comprender los espacios en blanco. Es decir, una lectura "entre líneas".

En **primer lugar** es necesario analizar la historia laboral. Los empleos anteriores deberán ser calificados de acuerdo con el tipo de empresa y el rubro en el que la misma se desempeña; en función de estos datos, el postulante integrará o no las filas de los probables candidatos para nuestra búsqueda.

En segundo lugar, procederemos a analizar la continuidad cronológica y lógica de la trayectoria laboral. Las circunstancias socioeconómicas pueden explicar algunas brechas en la misma.

En tercer lugar, deberemos analizar la rotación y/o movilidad laboral.
Estudiaremos las consecuencias de los cambios producidos y trataremos de inferir sus causas.

Por último, es de fundamental importancia la lectura interpretativa de un CV. Si bien hasta el momento de la entrevista no es posible hacer un correcto análisis de la correlación del cambio laboral con los objetivos, explícitos o implícitos, ya es posible inferir algo de esta instancia.

Con esta perspectiva, debe distinguirse entre pases horizontales, donde generalmente la causa se relaciona con el mejoramiento económico o la búsqueda de una mejora laboral, ya sea por tipo de empresa o plan de carrera, y los pases verticales, esto es ascenso en jerarquía, importancia y función, lo que evidenciaría un crecimiento.

Después de leer atentamente los CV usted tendrá una lista de personas que se entrevistarán.

Preparación para la entrevista

El planeamiento de la entrevista es fundamental y lo trata, entre otros autores, Diane Arthur[3]. Para su más correcto enfoque recomendamos, otra vez, manejarse con el perfil relevado de nuestro cliente, interno o externo. A partir de allí,

---

3. Arthur, Diane, *Selección efectiva de personal*, Capítulo 3, Grupo Editorial Norma, Bogotá, 1987.

tómese el tiempo necesario para revisar los antecedentes y las condiciones de todos los aspirantes antes de recibirlos personalmente. Los entrevistadores experimentados pueden sacar conclusiones de una solicitud mientras se dirigen de su oficina a la sala de recepción donde van a entrevistar al candidato.

Es aconsejable, además de trabajar con el CV, que los aspirantes completen un formulario diseñado especialmente para esa compañía. ¿Por qué? Le permitirá estructurar los temas como sea más útil a los intereses de su consultora o de la empresa cliente, y facilitará la comparación entre postulantes.

Hay dos momentos en que es posible solicitarle al entrevistado que complete el mencionado formulario: antes de la entrevista –es la opción que más me gusta– o bien después. Esta última opción la utilizamos para posiciones de nivel alto o para aquellos casos en que entrevistamos por primera vez a personas reclutadas a través de un *head hunting*.

En el momento de la planificación es muy importante detectar los temas difíciles o "problemas" del candidato. De ese modo usted puede hacer anotaciones al costado del CV o la ficha de antecedentes y no olvidar hablar de estos temas en la entrevista.

Si su empresa se maneja con el esquema de competencias, al cual dedicaremos la segunda parte de esta obra, la planificación responde al mismo esquema, es decir que deberá trabajar con un perfil por competencias y las preguntas asociadas.

Destine tiempo suficiente para la entrevista

No arme su agenda superponiendo compromisos o con muy poco espacio entre las entrevistas; tenga en cuenta que el entrevistado puede llegar tarde, que usted puede demorarse en atenderlo, que la entrevista puede ser más larga, o usted puede tener necesidad de utilizar tiempo extra para analizar los datos obtenidos en la misma.

Prepare un ambiente apropiado

Tenga en cuenta las siguientes reglas:

1. Que sea en privado. Esto es muy importante para que los aspirantes puedan hablar con libertad.
2. Que haya un mínimo de distracciones. Entre estas se incluye un teléfono que suena sin que nadie conteste, personas que entran de improviso

en la oficina, o su propia distracción si usted está pensando en todo el trabajo que tiene que hacer.
3. Que el aspirante pueda estar cómodo. Su comportamiento y su actitud general como entrevistador determinarán en gran parte el grado de comodidad del visitante. Haga lo que pueda por crear un ambiente acogedor. Si el solicitante se siente cómodo, usted se asegurará una entrevista más productiva.
4. Que ambos ocupen lugares apropiados.

Recuerde que cualquier cosa que usted encare, sea un viaje, una obra o lo que nos ocupa, una entrevista de selección, saldrá mejor si le dedica un tiempo mínimo de preparación.

> Lo que no debe olvidar:
> 1. Releer el currículum para saber antes de la entrevista a quién va a entrevistar.
> 2. Tener en claro los requisitos del perfil.
> 3. Tener un listado de las preguntas no aceptables (dependerá de cada país y sus usos y costumbres. Ver Capítulo 15 y el Apéndice).
> 4. Preparar tres o cuatro preguntas clave que no debe omitir en relación con el cv y el perfil.

Incluimos a continuación una guía de entrevistas que puede utilizarse como un formulario prediseñado. Es ideal para las personas que deben realizar entrevistas en forma ocasional.

EMPRESA XX

ANTES DE LA ENTREVISTA

- Analice el currículum del candidato.
- Planifique las preguntas que va a formular.
- Basándose en la descripción del puesto, agregue preguntas adicionales si es necesario.

DURANTE LA ENTREVISTA

- Preséntese y tranquilice al candidato.
- Explique la forma en que se llevará a cabo la entrevista: "Yo hago las preguntas primero, y luego será su turno".
- **Utilice las preguntas brindadas**. Estas preguntas se idearon para obtener información general y específica sobre las habilidades del candidato.
- Tome notas.
- Déle al candidato la oportunidad de formular preguntas.
- Explique los futuros pasos y los procesos de seguimiento.

DESPUÉS DE LA ENTREVISTA

- Analice toda la información relevante y realice su análisis **inmediatamente** después de la entrevista.
- Complete los formularios necesarios.

CAPÍTULO 3

LOS PRIMEROS 60 SEGUNDOS
CREAR EL CLIMA

Preguntas iniciales y otras 19 sobre datos personales y familiares

La actitud del entrevistador

Permitir que la persona entrevistada exponga los hechos a su modo y luego ayudarle a salvar las omisiones. Ajustarse al tema central; de lo contrario, el entrevistado puede sentir desinterés.

Evitar las posturas dogmáticas. A nadie le gusta que le indiquen, en una entrevista, cómo debe hacer su trabajo; se debe tratar de no polemizar.

Mostrar sinceridad y franqueza en lugar de astucia y sagacidad. Estas pueden ser inconducentes, sobre todo si el entrevistado recurre a las mismas armas. Brindar a la persona entrevistada la oportunidad de expresar toda su respuesta.

A veces no son convenientes las preguntas muy categóricas que sólo admiten un "sí" o un "no", pues el entrevistado puede querer condicionar o explicar ese sí o ese no.

Ayudar a la persona entrevistada a percibir su responsabilidad en cuanto a la veracidad de los hechos referidos.

Arthur[1] puntualiza qué se debe tener en cuenta antes de hacer una entrevista: entre otras cosas estar familiarizado con el perfil y con el individuo que se va a entrevistar. Es aconsejable que además del CV nos aseguremos de conocer

---

1. Arthur, Diane, *Selección efectiva de personal*, Capítulo 4, Grupo Editorial Norma, Bogotá, 1987.

todo aquello que pueda estar disponible sobre él, por ejemplo, si fue antes entrevistado por otra persona de la compañía e incluso si trabajó en algún momento para la misma. La autora nos marca, además, los diferentes pasos que conforman la entrevista.

1. Hacerle preguntas al solicitante sobre su educación y su historial de trabajo relacionado con las labores del cargo vacante.
2. Dar información sobre la vacante.
3. Exponer las ventajas que ofrece la compañía en cuanto a remuneración y oportunidades de progresar.
4. Permitirle al solicitante hacer preguntas.
5. Decirle qué va a ocurrir después de la entrevista.

Muchos entrevistadores creen que lo mejor es empezar suministrándole al candidato toda información sobre el cargo y la compañía antes de empezar a interrogarlo. Esto lo hacen por tres razones principales:

1. Si el entrevistador da esta información desde el principio, es menos probable que se le olvide algo.
2. Si espera hasta el final de la entrevista para hablar de estas cosas, es posible que no le alcance el tiempo.
3. Cuando el entrevistador habla más que el entrevistado al principio de la entrevista, el candidato siente más confianza.

Actuar de este modo tiene sus pros y sus contras, ya que es posible que si le describimos al entrevistado el ideal que estamos buscando, condicionemos a nuestro interlocutor y este nos describa aquello que esperamos oír.

Antes de entrar en tema es aconsejable apelar a la amabilidad con preguntas tales como:

¿Le costó trabajo llegar hasta aquí?
¿Encontró dónde dejar el coche?
¿Cómo estaba el tránsito?
¿Le sirvieron las indicaciones que le dio mi secretaria?
¡Qué hermoso día tenemos hoy! ¿No le parece?
¿No acabará nunca de llover?
¡Qué calor hace hoy!

No se deben gastar en estos preliminares más de unos pocos minutos y, en realidad, bastará con 30 segundos.

Después se puede dirigir la conversación hacia lo que nos interesa.
1. Me alegro mucho de que no le haya costado trabajo llegar, porque me gustaría que empezáramos a hablar sobre el interés que tiene usted en nuestra vacante de ....
2. Siento mucho que le haya costado trabajo encontrar dónde dejar el coche. Sé que estos parquímetros dan una hora de tiempo, de modo que, si le parece, empecemos para que podamos terminar antes de que se le venza.
3. Con este tiempo tan hermoso, seguramente deseará usted volver a salir, así que comencemos.

Estas expresiones tienden un puente entre una etapa de la entrevista y la siguiente, eliminando el silencio o vacilación que podrían fácilmente presentarse.

Algunos consejos para entrevistadores noveles

1. *Hable menos y escuche más.* La mayoría de los entrevistadores hablan demasiado.
2. *Tome notas durante la entrevista.* Registre toda aquella información que obtenga y que sea objetiva, no escriba nada que no quiera que su interlocutor vea que registra.
3. *Evite las distracciones.* Indique que no le pasen llamadas durante la entrevista y apague su teléfono móvil.
4. *Utilice toda la información que su interlocutor transmita.* Muchas veces nos son útiles pequeños comentarios, en apariencia intrascendentes.
5. *No proyecte* sobre el entrevistado opiniones o situaciones personales.
6. *Piense* mientras el otro habla, por ejemplo:

   a) prepare la pregunta siguiente;
   b) analice lo que está diciendo el aspirante;
   c) relacione lo que el aspirante está diciendo ahora con algo que dijo al comienzo de la entrevista;
   d) échele un vistazo a la solicitud o al CV para verificar alguna información;

e) observe el lenguaje corporal;
f) considere qué relación guarda el historial de este candidato con los requisitos del cargo.

Observe los cambios súbitos del lenguaje corporal. Por ejemplo, si el aspirante ha estado sentado muy tranquilo y de pronto empieza a moverse nerviosamente en el asiento cuando le pregunta por qué dejó su último empleo, es un indicio de que algo anda mal, aun cuando inmediatamente le dé una respuesta aceptable.

Estimular al aspirante para que hable

Es un arte que deberá ejercitar; desde repetir parte de lo que dijo hasta hacer resúmenes son algunas de las técnicas que se recomiendan para que el entrevistado perciba que usted lo escucha y lo entiende; un simple sí o un gesto pueden ser útiles.

También puede manejar los silencios. Si usted juzga que una respuesta es insuficiente, simplemente quédese callado mirando a los ojos a la otra persona: sentirá que debe seguir hablando.

Doury[2] cita en su libro la siguiente experiencia: *¡Cuántas veces he escuchado entrevistas que comienzan más o menos así: "Me gustaría que me hablara de su formación y de su experiencia profesional y por último de sus motivaciones para aspirar a este puesto".* Usted no puede preguntar tres cosas tan diferentes al mismo tiempo.

El segundo comentario interesante es la referencia a las preguntas "con añadidos" frecuentes en entrevistadores sin experiencia o en aquellos casos en que el entrevistador, por algún motivo, siente que no está a la altura de su entrevistado y quiere lucirse con la pregunta; el resultado es sólo confusión, como en el ejemplo que sigue: *"Me gustaría que me hablara de su formación, quiero decir del establecimiento secundario que frecuentó (¿era público o privado?) y de los exámenes que aprobó. ¿Entiende lo que quiero decir?".*

Doury[3] hace una muy interesante reflexión sobre las características intelectuales: *la palabra "inteligencia" abarca aptitudes muy diferentes, al punto de que puede*

---

2. Doury, Jean Pierre, *Cómo conducir una entrevista de selección de personal*, Capítulo 3, El Ateneo, Buenos Aires, 1995.
3. Doury, obra citada, Capítulo 7.

decirse de un individuo que es "inteligente" porque ofrece un buen equilibrio de esas aptitudes. Recuerden al héroe de **Rain Man**: *juzgado por sus hazañas matemáticas y mnemónicas es muy inteligente. ¡Y en su comportamiento social es un loco completo!*

Este es un buen ejemplo en cuanto al imperativo de observar siempre a nuestro interlocutor desde ángulos variados para no percibir de él una imagen infiel.

Al final del capítulo le daremos ideas sobre preguntas de inicio y recuerde las que ya le hemos anticipado. Comenzar bien es un arte y nos ayudará en el resto de la entrevista; aflojar la tensión, crear un clima cordial y una corriente de simpatía son buenas sugerencias. Usted no debe ser un nuevo amigo del entrevistado, sino sólo una persona cordial que deberá lograr que el entrevistado se sienta bien, de modo que le cuente todo lo que usted necesita saber para tomar una buena decisión. Recuerde, además, que una buena decisión es buena para ambas partes, no sólo para usted.

El inicio de la entrevista

Como ya hemos dicho hasta aquí, el mejor resultado de una entrevista se alcanza cuando el entrevistador logra conocer al candidato, y para ello el primer paso es tranquilizar al entrevistado.

Salude a su entrevistado de la siguiente manera:

1. Con una sonrisa.
2. Mirándolo a los ojos.
3. Preséntese usted.
4. Con un apretón de manos firme, pero gentil.

Le dimos varias ideas para comenzar; tomemos una de ellas: ¿Le costó trabajo llegar hasta aquí?

Es usual tanto en consultoras como en oficinas de RR.HH. que los postulantes llenen formularios con ciertos datos básicos. Si no se usó ese recurso incluimos a continuación algunas preguntas sobre datos personales y familiares. (Ver Capítulo 15 y Apéndice.)

1. ¿A qué se dedican sus padres?
2. ¿Vive con sus padres?
3. ¿Cuál es el modelo y año de su coche?
4. ¿Tiene casa propia, o alquila?
5. ¿A qué distancia vive de esta compañía?
6. ¿Habla algún otro idioma?
7. ¿Cuánto tiempo pasa con su familia?
8. ¿Su cónyuge tiene empleo? ¿Esto puede originar algún conflicto con el puesto al cual se postula?
9. ¿Por qué motivos se divorció? ¿Qué ha aprendido de esta experiencia?
10. Describa la relación con sus hijos.
11. ¿Cómo se arregla con la atención de los niños?
12. ¿Confecciona un presupuesto para sus gastos personales?
13. ¿Posee póliza de seguro de vida/planes de retiro? (Si la respuesta es positiva), ¿a través de su empleador?
14. ¿Está endeudado? (Si la respuesta es positiva), ¿es con su empleador actual?
15. ¿Tiene licencia de conducir válida?
16. ¿Alguna vez le han revocado la licencia de conducir? ¿Por qué?
17. ¿Cuándo fue su último examen físico?
18. ¿Tiene algún problema de salud crónico que debamos considerar?
19. ¿Cuál es su estado de salud?

No le estamos sugiriendo que las formule todas; en este libro le daremos largas listas de preguntas para que usted elija las que considere más adecuadas a su empresa, a su estilo de entrevistar, a sus necesidades puntuales, etcétera.

CAPÍTULO 4

40 PREGUNTAS SOBRE LA FORMACIÓN

En este capítulo presentaremos preguntas para evaluar la formación general del individuo y su nivel educacional.

Nivel educacional (si es universitario)

1. ¿A qué universidad asistió?
2. ¿Por qué razón asistió a esa universidad en particular?
3. ¿Su familia tuvo influencia en la elección de su universidad?
4. ¿En cuánto tiempo cursó la carrera? Cuénteme sobre sus notas, aplazos...
5. ¿Cuál era su especialidad en la universidad?
6. ¿Por qué eligió .... como especialización?
7. ¿Cree que tomó la decisión adecuada?
8. ¿Qué aspectos de su educación lo han preparado para este puesto?
9. ¿Qué capacitación especializada ha recibido que lo habilite para este cargo?
10. (Si abandonó los estudios) ¿Por qué no continuó con su educación formal?
11. ¿Cómo financió sus estudios?
12. ¿Asiste actualmente, o planea hacerlo, a algún curso de capacitación o especialización?
13. ¿Está suscripto a revistas comerciales o profesionales? ¿Cuáles?

14. ¿El año pasado asistió a seminarios o conferencias profesionales? ¿A cuáles? ¿Por su propia cuenta?
15. ¿Cuáles son sus objetivos profesionales en el futuro?
16. ¿El promedio de sus notas refleja su habilidad para desempeñarse en el puesto?
17. Mencione tres puntos que haya aprendido en la universidad que puedan utilizarse en este puesto.
18. ¿Cuál era su materia preferida en la universidad?
19. ¿Desarrolla o desarrolló algún tipo de actividad extracurricular en la universidad? ¿De qué tipo?
20. ¿Alguna vez necesitó clases particulares? ¿En qué asignaturas?
21. ¿Qué objetivos tenía cuando empezó sus estudios universitarios?
22. ¿En qué forma lo prepararon sus estudios para el mundo real?
23. Describa los empleos de medio tiempo que haya desempeñado mientras asistía al colegio secundario y/o a la universidad. ¿A qué se dedicaba durante las vacaciones cuando era estudiante?
24. ¿Qué consejo le daría usted a una persona que quiere estudiar y trabajar simultáneamente?

Otras preguntas sobre formación

25. ¿Se propone niveles de desempeño a sí mismo?
26. ¿Cómo se las arregla con el estrés laboral?
27. ¿Cómo se da cuenta si está haciendo un buen trabajo?
28. ¿Cómo expresaría una frustración?
29. ¿Cuál fue el último libro de negocios o de management que leyó, y qué aprendió de él?
30. ¿Lee habitualmente revistas de negocios o de management? ¿Cuáles?
31. ¿Posee una biblioteca con libros de su especialidad?
32. Cuando necesita asesoramiento profesional sobre un tema de su especialidad, ¿a quién recurre?
33. ¿Cómo reacciona cuando alguien lo critica?
34. ¿Cómo reacciona si alguien lo imita?

35. ¿Qué significa para usted la palabra "éxito"?
36. ¿Qué significa para usted la palabra "fracaso"?
37. ¿Qué opina sobre trabajar bajo presión? (Si esto fuese un requisito del perfil ver Parte II.)
38. Coménteme de alguna vez en que usted anticipó un problema.
39. Coménteme de alguna vez que debió asumir un riesgo importante, ¿cómo se sintió? ¿Cómo se resolvió la situación?
40. Califíquese con una escala del uno al diez.

CAPÍTULO 5

72 PREGUNTAS SOBRE LA TRAYECTORIA LABORAL

La mejor manera de predecir el éxito del candidato en el puesto que se ha de cubrir es mediante su desempeño en el/los último/s empleo/s. Es la metodología utilizada en mi consultora, cuyo lema es que se trata de "una consultora de recursos humanos orientada a los negocios". Lealmente creo que la máxima fortaleza de nuestro servicio es conocer el negocio de nuestro cliente, mimetizarnos con él, si es necesario, y, al mismo tiempo, conocer la historia laboral de cada postulante. Esta es la base de la mayoría de las entrevistas. Los especialistas en recursos humanos coinciden en que la manera en que un postulante ha enfrentado una situación específica pasada es la mejor indicación para verificar cómo se desempeñará en una situación similar en el futuro. Desarrollaremos otra vez estos conceptos en la Parte II, cuando nos ocupemos de las entrevistas por competencias.

Este es el fundamento del cuestionario relacionado con el comportamiento. Como entrevistador, usted debe conocer y comprender los requisitos del cargo que se ha de cubrir para formularle al postulante preguntas pertinentes.

1. Cuénteme sobre su último (o actual) empleo.
2. En su cargo como .... en la compañía ...., ¿qué hizo realmente? Por favor, dé ejemplos.
3. ¿Cuánto tiempo le tomará hacer aportes concretos al nuevo cargo?
4. ¿Por qué se ha retirado de su último empleo? (O: ¿Por qué desea retirarse de su empleo actual?)
5. ¿Cuáles fueron los proyectos más importantes en los que ha trabajado en su último empleo?

6. ¿Puede darme un porcentaje del tiempo que ha trabajado solo, en comparación con el tiempo que ha trabajado con otras personas?
7. ¿Qué evaluación han hecho sus jefes de usted en los últimos tres años?
8. ¿En qué áreas recibió cumplidos de sus superiores?
9. ¿Cuántas horas por semana, en promedio, le requiere su cargo actual?
10. (En el caso de que esté empleado.) ¿Cómo se siente con respecto a su actual trabajo?
11. (En el caso de que esté desempleado.) ¿De qué manera contribuyó su manager para que usted eligiera retirarse de su último empleo?
12. ¿Cómo cree que su jefe reaccionará cuando reciba su renuncia?
13. ¿Qué idea particularmente creativa o renovadora ha desarrollado e implementado?
14. Cuénteme sobre un proyecto donde haya demostrado sus habilidades en el área de ....
15. Cuénteme sobre un proyecto en equipo del que se siente orgulloso y describa su contribución específica.
16. Cuénteme sobre una decisión en particular que haya tomado. ¿Qué la hizo difícil? ¿Qué ha aprendido? ¿Cuál ha sido la decisión más difícil que tuvo que tomar y cómo la manejó?
17. Describa cómo se organiza su departamento.
18. ¿Cuáles son los aspectos más difíciles de su actual empleo y cómo los enfrenta?
19. ¿Cómo organiza y planea los proyectos más importantes?
20. ¿Cuáles son los factores básicos que lo motivan en su trabajo? ¿Le gusta/gustaba trabajar para su actual/último jefe?
21. ¿Ha realizado el mejor trabajo que es capaz de realizar?
22. Mencione las tres áreas que más le gustan de su empleo.
23. Mencione las tres áreas que menos le gustan de su empleo.
24. Describa la mejor compañía para la cual haya trabajado.
25. Describa el mejor empleo que haya tenido.
26. ¿Qué referencias puede darme de usted su actual/último empleador?
27. ¿Cómo compararía la calidad de su trabajo con la de los demás?

28. ¿Qué aspectos específicos considera importantes para esta posición?
29. Posee escasa experiencia en .... ¿Cómo pretende aprender lo que necesita saber para desempeñarse en este puesto?

Experiencia y entrenamiento

30. ¿Cómo se inició en el tipo de trabajo que realiza en la actualidad?
31. ¿Cuáles fueron los fracasos más importantes en su profesión?
32. ¿Cuáles son los logros más importantes que puede mencionar de cada uno de sus empleos previos?
33. ¿Cuál considera que fue el logro más importante en toda su carrera?
34. ¿Qué tipos de riesgos ha corrido en su último empleo y cuáles fueron los resultados?
35. Describa el mejor jefe que haya tenido.
36. ¿En qué áreas de su actual empleo se destaca?
37. ¿En qué áreas de su actual empleo no se destaca?
38. ¿Cuáles son el título, cargo y tareas específicas de su jefe?
39. Describa un día típico en su empleo.
40. ¿Cómo instalaría un sistema de .... ?
41. ¿Qué aspectos de su último/actual empleo determinan su capacidad?
42. ¿Cómo se mantiene informado de los cambios importantes en su campo de estudio?
43. ¿Recomendaría su último/actual empleo a otros?
44. ¿Puede explicar los intervalos en su historia laboral?
45. ¿Cuál fue su primer empleo y cómo lo obtuvo?
46. ¿Ha contribuido en las publicaciones de su área?
47. ¿Algunos de sus empleadores se negaron a brindarle buenas referencias?
48. ¿Tuvo la oportunidad de mejorar el nivel de las habilidades adquiridas?
49. ¿Su actual empleador sabe que lo estamos entrevistando?
50. ¿Por qué tuvo tantos empleos en tan poco tiempo?
51. ¿Aumentaron las ventas/beneficios en su compañía este año?

52. ¿Alguna vez lo despidieron?
53. ¿Alguna vez le solicitaron que renunciara?
54. ¿Cómo tiene que ser un jefe para obtener lo mejor de usted?
55. ¿Alguna vez tuvo un negocio propio?
56. ¿Qué es para usted un gerente ideal?
57. ¿Un subalterno ideal? ¿Un compañero ideal?
58. ¿Qué hace que usted pueda ser un director eficiente?
59. ¿Qué obligaciones cree que tiene un empleador con un empleado?
60. ¿Qué piensa de los viajes necesarios en un empleo?
61. ¿Qué piensa de la reubicación? ¿Hay algunos lugares en los cuales no le gustaría que lo reubicaran?
62. ¿Qué perspectivas le presenta este empleo que no le presentó el último?
63. ¿Qué busca en una compañía?
64. ¿Cómo enfoca usted las tareas que no le gustan?
65. ¿Cómo describiría su capacidad para delegar?
66. ¿Cómo describiría sus normas de desempeño, tanto para usted mismo como para sus subalternos?
67. ¿Qué relación tiene este empleo con los objetivos de su carrera?
68. ¿Qué opina sobre trabajar tiempo extra?
69. ¿Qué lo llevaría a renunciar a un cargo en esta compañía?
70. Si se le pidiera ejecutar una tarea que no consta en la descripción de sus funciones, ¿cómo reaccionaría?
71. ¿Cómo define la lealtad a la empresa? ¿Hasta dónde llega?
72. ¿Hay algo más que yo debería saber acerca de sus antecedentes y preparación, que me ayude a tomar una decisión?

¿Son muchas preguntas? Sí, pero recuerde que no debe hacerlas todas, sino que esta es una guía completa para que seleccione las que le son útiles en cada caso.

CAPÍTULO 6

57 PREGUNTAS
PARA DETERMINAR LA ADAPTABILIDAD DEL CANDIDATO

La clave para incorporar exitosamente un nuevo integrante a una organización es que el mismo se adapte al puesto, es decir que cubra los requisitos del perfil, incluyendo en él la adaptación a la organización.

La entrevista laboral es un proceso para determinar si el candidato realmente posee las habilidades mínimas que el puesto requiere. El Capítulo 10 está destinado a determinar los niveles de preparación en las áreas específicas, como por ejemplo presupuestos y control, marketing y ventas, o informática y tecnología.

1. Usted se dedica a ....
   Cuénteme cómo se inició en esa especialidad. ¿Por qué le gusta (o no)?
2. En su especialidad, ¿quién o quiénes cree usted que son profesionales destacados? ¿Admira a alguno de ellos? ¿Por qué?
3. ¿Cuáles son sus objetivos de largo plazo?
4. ¿Qué puede hacer por nosotros si lo contratásemos?
5. ¿Qué clase de líder es? Por favor, brinde ejemplos.
6. ¿Quién es su jefe? ¿Qué cargo tiene? ¿Él a quién reporta?
7. ¿Qué clase de líder es su jefe? Bríndeme ejemplos.
8. ¿Cuál es el estilo de management de su empleo actual/último?
9. ¿Cómo cree usted que se transfiere el poder (*empowerment*) en su compañía actual (o última)? ¿Cuál es su opinión al respecto?
10. Cuénteme un día típico en su trabajo actual/último.

11. Describa alguna situación donde no haya cumplido los plazos prefijados. ¿Por qué ocurrió?
12. Cuénteme alguna situación donde no pudo superar un obstáculo. ¿Cómo se sintió? ¿Por qué cree que no pudo hacerlo?
13. ¿Qué piensa de las personas adictas al trabajo?
14. ¿Qué me diría si le dijese que esta compañía no tiene *la cultura de 9 a 17 horas*? O cualquier frase similar que exprese el cumplimiento estricto de los horarios de entrada y salida.
15. ¿Usted prefiere una relación formal o informal con su equipo?
16. ¿Prefiere hablar con alguien, o prefiere enviar un memo o un e-mail?
17. ¿Cómo motiva a las personas?
18. Describa una situación donde haya cometido un error y cómo manejó el hecho.
19. ¿Qué características son las más importantes para ser un buen manager? ¿Las tiene usted?
20. Usted fue gerente en ...., describa su estilo de liderazgo allí.
21. ¿Cuáles eran sus márgenes de decisión?
22. ¿Qué resultados obtuvo? ¿Cómo midió los resultados?
23. ¿Qué tipo de referencias cree que dará de usted su último empleador? ¿Por qué?
24. Si no le gustan sus empleadores actuales, y ellos lo consideran un empleado excelente, ¿por qué piensa que eso es así?
25. El candidato que obtenga este puesto trabajará con personas altamente capacitadas que han estado en esta compañía mucho tiempo. ¿Cómo se adaptará a ellos?
26. ¿Puede describir alguna situación en que haya tenido que presentar un proyecto con dificultad debido a que otras personas tenían un juicio previo no favorable?
27. Brinde ejemplos de los distintos recursos que ha utilizado cuando trata de convencer a alguien para que coopere con usted.
28. Cuénteme alguna situación que usted considere como un fracaso.
29. Cuénteme alguna situación que usted considere como un fracaso de su jefe, de una política de su compañía o similar. ¿Cómo se sintió? ¿Usted piensa que podría haber aportado algo para que no ocurriera? Si la respuesta es afirmativa, ¿por qué no lo hizo?

Preguntas para postulantes que cambian de empleo con frecuencia

La rotación laboral no es un valor absoluto y en todos los casos debe relacionarse con la edad de la persona, la especialidad, el contexto. Sobre el particular puede preguntar:

30. Usted ha cambiado de empleo con frecuencia, ¿podría decirme las razones/causas?
31. Hace poco tiempo que trabaja para su empleador actual. ¿Por qué desea cambiar?
32. Su alta rotación laboral, ¿es un indicio de que cambiará con frecuencia a lo largo de su carrera?
33. ¿Cómo explica la diversidad de empleos que ha tenido? ¿Cuánto tiempo cree que permanecerá en esta compañía?

Preguntas para postulantes que han trabajado mucho tiempo en una compañía

Para algunos empleadores la excesiva permanencia en un empleo es un indicador negativo o, al menos, no positivo. Debe analizarse esta situación en cada caso. La mejor forma es que el postulante explique su historia laboral y dentro de su relato incluir alguna pregunta al respecto, como por ejemplo acerca del grado de desafío que para él implicaba el cargo después de un número de años en el mismo puesto, etc. Es decir, a través del relato ir despejando las dudas sobre este punto en particular.

34. ¿Cuáles son las ventajas de permanecer en un mismo puesto mucho tiempo?
35. Algunas personas creen que permanecer mucho tiempo en un mismo puesto demuestra falta de iniciativa. ¿Qué piensa usted al respecto?
36. Después de haber permanecido en la misma compañía por tanto tiempo, ¿cree que le será difícil adaptarse a una nueva organización?

Preguntas que allanan las respuestas

A continuación y a modo de ejemplo le sugerimos una lista de preguntas que se inician con la frase "Cuénteme alguna vez cuando...". Esta forma de preguntar se relaciona con la Parte II del libro y la consideramos muy útil, invita al candidato a hablar y relatar experiencias.

37. Trabajó eficientemente bajo presión.
38. Manejó una situación difícil con un compañero de trabajo.
39. Fue creativo al resolver un problema.
40. No pudo terminar un proyecto a tiempo.
41. Convenció a los miembros de su equipo de que hicieran las cosas a su manera.
42. En su puesto alguna vez debió tomar una medida no popular, o sucedió que su puesto derivara en no popular por alguna circunstancia. Por ejemplo un gerente de Relaciones Laborales o Relaciones Industriales durante una huelga.
43. Escribió un programa (o informe o plan estratégico) que fue bien recibido.
44. Anticipó problemas potenciales y desarrolló una solución productiva.
45. Tuvo que tomar una decisión importante con información insuficiente.
46. Se vio forzado a tomar una decisión poco popular.
47. Fue tolerante con una opinión radicalmente diferente de la suya.
48. No lo satisfizo su propio comportamiento.
49. Utilizó sus artes diplomáticas para introducir un programa.
50. Tuvo que tratar con un cliente irritable.
51. Delegó un proyecto eficientemente.
52. Superó un obstáculo importante.
53. Tuvo objetivos muy pretenciosos.
54. Tuvo objetivos demasiado humildes.
55. Les dio prioridad a elementos de un proyecto complicado.
56. Perdió (u obtuvo) un contrato de venta importante.
57. Contrató (o despidió) erróneamente a alguien.

CAPÍTULO 7

30 PREGUNTAS
SOBRE LA ADAPTABILIDAD AL PUESTO

En el Capítulo 6 analizamos preguntas sobre adaptabilidad del candidato a la organización; ahora nos abocaremos a la adaptabilidad al puesto. Como ya dijimos con anterioridad, para ello deberá conocer muy bien los requisitos del mismo. Parece obvio, pero en ocasiones el entrevistador no está completamente al tanto de estos requisitos.

1. Si le ofrecemos un cargo y usted acepta, ¿cuándo puede comenzar a trabajar?
2. ¿Estaría dispuesto a trabajar horas extra si es necesario?

Preguntas acerca de investigación sobre el puesto

Las preguntas 3 a 9 sirven para evaluar cuánto sabe el candidato sobre la compañía y el cargo ofrecido específico o puestos disponibles.

3. ¿Qué sabe sobre nuestra compañía?
4. ¿Qué sabe sobre el cargo a cubrir?
5. ¿Quiénes cree que son nuestros competidores más importantes?
6. ¿Piensa que tienen alguna ventaja sobre nosotros?
7. ¿Puede mencionar tres tendencias que supone se dan en este rubro?

8. ¿Qué le interesa de nuestra compañía?
9. ¿Qué le interesa más de nuestro producto?
10. ¿Algún amigo o familiar suyo trabaja para nuestra compañía?
11. ¿Por qué está interesado en este empleo?
12. ¿Por qué le gustaría realizar este tipo de trabajo?
13. ¿En qué formas específicas cree que se beneficiará nuestra compañía si lo contratamos?
14. ¿Cómo se enteró de esta vacante?
15. ¿Cuáles son sus mejores cualidades para el empleo?
16. ¿Tiene confianza en su capacidad para desempeñarse en él?
17. ¿Cómo se maneja con las entrevistas mientras tiene empleo?
18. ¿Cómo beneficia a nuestra compañía el hecho de que se graduó en la universidad recientemente?
19. ¿Se siente preparado para un puesto con más responsabilidades? Cuénteme por qué piensa eso.
20. ¿Posee alguna característica o habilidad para que lo consideremos mejor que otros candidatos?
21. ¿Nos permite contactarnos con su actual empleador?
22. ¿Sabe algo sobre (contabilidad, procesos de impresión, etc.)?
23. ¿Está dispuesto a empezar como *trainee*?
24. ¿Busca empleo permanente, o temporario?
25. Explíqueme brevemente qué razones tendría esta compañía para contratarlo.
26. ¿Qué diferencias encuentra entre este puesto y el último que ocupó?
27. ¿Por qué desea entrar en este campo?
28. ¿Qué piensa de la forma en que manejamos nuestra organización?
29. ¿Considera que su falta de .... (título universitario, experiencia, etc.) puede afectar su desempeño?
30. ¿No se considera demasiado calificado para este empleo?

Como en otras secciones del libro, estas preguntas constituyen una lista lo más extensa posible en relación con el tema central; no todas son aplicables a la misma persona, sino que usted deberá elegir cuáles son pertinentes en cada caso.

En la segunda parte de esta obra, que dedicamos a las preguntas asociadas con las competencias, incluimos también preguntas sobre motivación para el cambio. Es un tema sumamente relevante que debe ser evaluado y correctamente determinado en un proceso de selección. Los que trabajamos en consultoría vemos a diario casos de personas que sin ninguna motivación para el cambio participan en procesos de búsqueda para conocer su valor en el mercado, y otros, menos éticos aun, como una forma de presionar con la oferta de otra compañía a sus actuales empleadores para obtener mayores beneficios.

CAPÍTULO 8

30 PREGUNTAS
SOBRE CAPACIDAD DE LIDERAZGO Y DE TRABAJAR EN EQUIPO

Estos temas serán tratados también en la Parte II.

1. Como manager de un departamento, ¿cómo establecería armonía entre los miembros de su personal?
2. ¿Qué debe hacerse –a su criterio– para ser un buen manager?
3. ¿Cuáles son sus virtudes, según sus subordinados?
4. ¿Cuáles son sus debilidades, según sus subordinados?
5. Cuénteme sobre las personas que ha contratado en su actual/último empleo. ¿Cuánto tiempo han permanecido con usted? ¿Cómo han resultado?
6. ¿De qué manera se comunica con el personal? ¿Y con los superiores?
7. ¿Cómo despediría a un empleado que no se desempeña adecuadamente?
8. ¿De qué manera actúa cuando debe enfrentar un problema?
9. Después de tomar una decisión, ¿la mantiene?
10. ¿Ha tenido la oportunidad de supervisar a personas de nivel alto?
11. ¿Sus subordinados recurren a usted para plantearle problemas privados?
12. ¿Cómo incentiva usted el crecimiento de la gente de su departamento?
13. ¿Suele manejar su departamento o sector con el criterio de "hagamos lo justo", o con el de "mejor no destacarse demasiado para no tener problemas"?
14. ¿Alguna vez tuvo que delegar responsabilidades?
15. ¿Alguna vez ha sido directamente responsable por alguna ganancia (o pérdida) de la empresa?

16. ¿Cómo logra que las personas hagan lo que usted desea o aquello que usted entiende que es lo mejor en cada caso?
17. ¿Cómo se logra ser un buen jefe en un departamento como el que usted tiene a su cargo ahora?
18. ¿Es responsable por la promoción del personal de su sector?
19. Defina qué es para usted trabajar en equipo.
20. ¿Cómo se maneja como miembro de un equipo? ¿Cuál es su función habitual?
21. ¿Prefiere trabajar con otras personas, o solo?
22. ¿Con qué tipo de personas prefiere trabajar?
23. ¿Con qué tipo de personas le resulta difícil trabajar?
24. Cuénteme alguna situación donde haya trabajado con personas de nivel intelectual distinto del suyo.
25. Cuénteme sobre alguna vez que un miembro de su equipo haya perdido su confianza.
26. Cuénteme si alguna vez un miembro de su equipo hizo algo incorrecto/ilegal/no ético. ¿Qué hizo usted?
27. ¿Cómo describiría su relación con los superiores? ¿Con los compañeros de trabajo? ¿Con sus subalternos?
28. Como líder de un equipo, ¿cuánta tolerancia posee para las equivocaciones? Por ejemplo: si un miembro del equipo desea realizar una tarea de una forma que usted sabe que es errónea, ¿lo dejaría aprender de la experiencia? Reláteme alguna experiencia.
29. Cuénteme si alguna vez usted esperaba ser el líder del equipo y otro ocupó ese lugar. ¿Cómo se sintió?
30. Cuénteme sobre algún enfrentamiento que haya tenido con un miembro de su equipo.

CAPÍTULO 9

80 PREGUNTAS SOBRE PERSONALIDAD

Para conocer la personalidad de los individuos existen diferentes herramientas, entre ellas y la más tradicional, la evaluación psicológica. Las preguntas que se proponen no reemplazan este tipo de técnicas.

Ofrecemos a continuación preguntas para conocer más acabadamente al entrevistado y que pueden formularse en el marco de una entrevista de selección.

Aspectos específicos de la personalidad

1. ¿Se considera una persona inteligente?
2. ¿Cree que es importante tener un empleo estable?
3. ¿Le aburre hacer el mismo trabajo una y otra vez?
4. ¿Le gusta trabajar con objetos?
5. ¿Le interesa trabajar con hechos y cifras?
6. ¿Le gusta trabajar con otras personas?
7. ¿Se ausenta del trabajo con frecuencia?
8. ¿Se aburre con los detalles?
9. ¿Cómo encara usted las tareas que le disgustan?
10. ¿Qué carrera o negocio consideraría si tuviera que comenzar otra vez?
11. ¿Cómo reacciona a las críticas si cree que son injustificadas?

12. ¿Tiene temor a viajar en avión?
13. Mencione tres libros que haya leído en los últimos seis meses.
14. ¿Posee una personalidad competitiva?
15. ¿Cuál es su idea sobre el éxito?
16. (Si es varón.) ¿Cómo se sentiría si tuviera que trabajar con una mujer ejecutiva?
17. ¿Qué tipo de personas le desagradan?
18. ¿Cuál es el problema más difícil de comunicación que haya tenido con sus colegas?
19. ¿Cómo se maneja con el estrés?
20. ¿Cómo acepta los códigos de vestimenta?
21. ¿Cómo reacciona a las objeciones a sus ideas?
22. ¿Es usted una persona innovadora?
23. ¿Qué beneficios obtuvo de sus desilusiones? Déme un ejemplo.
24. ¿Cómo se siente cuando debe enfrentarse a un grupo o a una audiencia? Reláteme alguna experiencia al respecto.
25. ¿Cree que la única manera de hacer bien un trabajo es hacerlo usted mismo?
26. Si pudiera hacer cualquier cosa, ¿qué haría?
27. Si sorpresivamente recibiese una cifra millonaria de dinero, por una herencia o porque ganó en un juego de azar, ¿qué haría?
28. ¿Tiene una buena relación con sus compañeros de trabajo?
29. ¿Qué hace mejor?
30. ¿Qué ha aprendido de sus errores?
31. Cuénteme alguna situación en que haya tenido que resistir una presión del medio muy intensa y prolongada.
32. ¿Qué cree que piensan las otras personas sobre la manera en que usted trabaja?
33. Describa el empleo perfecto para usted.
34. ¿Qué figuras públicas son sus modelos? ¿Por qué?
35. Mencione cinco factores que lo motivan.
36. ¿Cómo le gustaría que lo recordaran?
37. ¿Cree usted que es un buen amigo?
38. ¿Cómo lo describiría un amigo suyo?

39. ¿Prefiere trabajar con números, o con palabras?
40. ¿Cree que podría tener una buena relación con ....?
41. ¿Cómo piensa que enfrentará un cambio laboral después de haber trabajado .... años en su último empleo?
42. ¿Qué piensa de las políticas de la compañía?
43. ¿Se considera una persona con iniciativa propia?
44. ¿Trabajaría si no necesitara el dinero para mantenerse?
45. ¿Se considera una persona sensible a la crítica constructiva?
46. ¿Posee una mente analítica?
47. ¿Le interesa la investigación?
48. ¿Se considera una persona puntual?
49. ¿Qué hace cuando tiene dificultades para resolver un problema?
50. ¿Cuál es la tarea más aburrida que ha realizado? ¿Cómo la realizó?
51. ¿Cuál es la tarea más interesante que ha realizado? ¿Cómo la llevó a cabo?
52. ¿Se siente presionado en su actual empleo?
53. ¿Cuáles son los requisitos para que una persona tenga éxito en............... .... (especialidad del puesto a cubrir)?
54. ¿Cómo se maneja al tomar decisiones importantes?
55. ¿Hay alguien en quien se haya inspirado en su profesión?
56. ¿Es capaz de trabajar sin supervisión directa?
57. ¿Cómo manejó la decisión más difícil que haya tomado?
58. Si estuviera en mi posición, ¿se contrataría?
59. ¿Qué haría si viera a un compañero de trabajo llevándose objetos de la oficina a su casa?

Preguntas difíciles

Las preguntas más difíciles para el candidato suelen estar en relación con despidos o desvinculaciones traumáticas. Cuando deba entrevistar este tipo de casos debe ser cuidadoso en cómo formula la pregunta y en el tono en que la dice.

Las preguntas difíciles pueden confundirse con las provocadoras (ver Capítulo 1). Pero no es así. La entrevista de provocación o estresante es una técnica sin eficacia alguna. El objeto de tales entrevistas es observar cómo reacciona el postulante bajo tensión. Las preguntas difíciles no tienen esta intención. La mayoría de las entrevistas incluyen una cierta cantidad de estrés por su propia naturaleza.

También puede parecer que algunas de las preguntas siguientes pertenecen a la categoría de hipotéticas, sobre las que no hemos emitido un juicio favorable (Capítulo 1), sin embargo su propósito es el de plantear situaciones teóricas. Si usted igualmente piensa que puede "suavizarlas", utilice preguntas complementarias: "Descríbame una situación similar que le haya ocurrido", o "¿Tiene alguna anécdota para contar sobre una situación similar?".

60. Usted está sin trabajo, ¿puede explicarme qué pasó?
61. Si fue despedido, ¿fue un despido o una solicitud de renuncia?
62. Si fue despedido, ¿qué tipo de indemnización recibió?
63. Cuénteme sobre alguna vez cuando su empleador no estaba satisfecho con su desempeño.
64. ¿A qué convicciones de management tuvo que renunciar para llegar donde está?
65. ¿Cuál fue el empleador más difícil que tuvo y por qué?
66. ¿Cómo ha cambiado su tolerancia para aceptar errores de sus subordinados a lo largo de los años?
67. ¿Quién piensa usted que tiene el máximo poder en su organización? ¿Cómo se transmite ese poder dentro de la misma (*empowerment*)? ¿Por qué?
68. Cuando tiene que hacer cosas que no le gustan, ¿las hace primero o las deja para el final?
69. ¿Alguna vez oyó algo de la compañía o del departamento que no le haya gustado?
70. Si estuviera a punto de ser despedido, ¿cómo le gustaría que su supervisor manejase la situación?
71. Cuénteme qué ha aprendido de sus errores.
72. ¿Qué piensa de la ética en el mundo actual?
73. ¿Cómo influyó usted, o su gestión, en el cambio en su actual (o último) puesto?
74. Si su supervisor le dice que realice algo de una manera que usted sabe que es errónea, ¿qué haría? ¿Tiene alguna anécdota para contar sobre una situación similar?

75. ¿Qué haría si en un momento todas las personas de su departamento se reportaran enfermas?
76. Su jefe le ha asignado una tarea y se ha marchado de la ciudad por una semana. No lo puede localizar y no comprende totalmente las consignas. ¿Qué haría? ¿Tiene alguna anécdota para contar sobre una situación similar?
77. Tiene dos postulantes para un mismo puesto. Poseen calificaciones y cualidades idénticas en todo sentido. ¿Cómo decidiría?
78. ¿Qué prefiere escuchar primero: las buenas noticias o las malas?
79. ¿Qué cosas hizo su supervisor que no le hayan gustado a usted?
80. ¿Todas las relaciones de negocios deberían tener plazos establecidos, es decir, fechas de expiración?

CAPÍTULO 10

192 PREGUNTAS SOBRE CAPACIDADES ESPECÍFICAS

Usted encontrará aquí una larga lista de preguntas; como siempre, no todas serán aplicables, de modo que deberá utilizar aquellas que se relacionen con la entrevista y la búsqueda que está realizando. Encontrará similitudes o repeticiones dentro de distintas secciones del mismo capítulo, y en relación con capacidades gerenciales y trabajo en equipo (Capítulo 8) o sobre la manera de pensar (Capítulo 11).

Sugerimos a quienes utilizan el esquema de competencias para manejar los recursos humanos que pasen por alto este capítulo para ir directamente a la Parte II.

Acerca de cómo gerenciar/supervisar

1. ¿Qué es para usted un líder?
2. ¿Cómo describiría su estilo de liderazgo?
3. ¿Qué significa para usted la palabra "éxito"?
4. ¿Qué significa para usted la palabra "fracaso"?
5. (Si el entrevistado trabaja/trabajó en una empresa que utiliza el *mentoring*[1] entre sus prácticas de RR.HH.): ¿Es usted tutor de alguien? ¿Quién? ¿Cuál es su filosofía con respecto a la tutoría?

---

1. Acción de ser un mentor para otro. Práctica implementada en muchas empresas que consiste en designar un ejecutivo de mayor rango, usualmente el jefe del jefe, para que efectúe un seguimiento, velando al mismo tiempo por los intereses del individuo y de la compañía.

6. Describa un problema importante que haya resuelto con el aporte de sus empleados.
7. ¿Cuáles son sus objetivos a largo plazo más importantes?
8. Describa a las personas que contrató en su último empleo. ¿Tuvieron éxito? ¿Cuánto tiempo permanecieron en la compañía?
9. Cuénteme sobre un empleado que haya tenido una carrera exitosa como consecuencia de su management.
10. Cuénteme si le ha tocado vivir alguna experiencia de reducción significativa de personal.
11. ¿A cuántos subordinados directos ha seleccionado en los últimos dos años? ¿Cómo le fue?
12. ¿A cuántos subordinados directos ha despedido en los últimos años?
13. ¿Cómo cree que sus subordinados lo describirían a usted como jefe?
14. ¿Cuáles son las principales dificultades a afrontar como líder de grupo?
15. Hablemos sobre su desempeño. ¿Cómo describiría su propio rendimiento? ¿Qué dirían sus subordinados? ¿Qué diría su jefe?
16. ¿Puede mencionar algunas ideas, proyectos u otras innovaciones de las que se siente orgulloso?
17. ¿Cómo manejaría a un subordinado que ha desobedecido deliberadamente sus instrucciones, pero que ha tenido éxito?
18. Su jefe se va de vacaciones por un mes, y aunque a usted no le corresponda, le pide que trabaje para otro gerente en su ausencia: ¿qué diría y qué haría? Déme un ejemplo.
19. Describa si alguna vez fue injustamente tratado por causa de una política de la compañía.

Acerca del manejo de proyectos y la toma de decisiones

20. ¿Qué organizaciones considera como las competidoras más importantes de esta compañía? ¿Puede comparar y confrontarlas con nosotros?
21. ¿Cuáles son las decisiones más fáciles de tomar para usted y cuáles son las más difíciles?
22. La mayoría de las personas pueden pensar en una decisión importante que cambiarían. ¿Tiene algún ejemplo de su propia experiencia?

23. ¿Cómo cree que su experiencia ha influido para mejorar sus tomas de decisión?
24. ¿Ha tenido que aplicar sus habilidades deductivas para aclarar alguna situación?
25. Cuénteme sobre un problema complicado que tuvo que tratar.
26. Cuénteme si alguna vez no pudo alcanzar un objetivo.
27. ¿Cuántos proyectos puede manejar al mismo tiempo? Dé un ejemplo.
28. Piense en una situación de crisis. ¿Por qué sucedió y cuál fue su función en la cadena de los hechos?
29. Brinde un ejemplo de alguna vez que sus superiores hayan cambiado un plan con el que usted estaba comprometido. ¿Cómo se sintió? ¿Cómo le explicó el cambio al equipo?
30. Me interesa saber cómo realiza una planificación. ¿Cuáles son los procedimientos más útiles para usted y cómo los implementa?
31. ¿De qué manera ha mejorado su capacidad de planificación?
32. Cuénteme sobre un puesto o proyecto donde tuvo que reunir información de diferentes fuentes y luego crear algo en base a la misma.
33. Cuénteme sobre alguna vez que, en lugar de seguir las instrucciones, decidió realizar una tarea a su manera. ¿Qué sucedió? ¿Lo volvería a hacer si tuviese que realizar la tarea otra vez?
34. ¿Puede pensar en una situación específica en la que se anticipó a un problema?

Acerca de las habilidades de comunicación

35. ¿Posee experiencia en presentaciones orales? ¿Cómo calificaría sus habilidades en esta área? ¿Cómo las prepara? ¿Qué recursos utiliza, en relación con elementos de apoyo como proyectores, *data show* u otros?
36. ¿Cuándo tiene un problema para comunicarse con las personas?
37. ¿Cuál prefiere entre la expresión oral y la escrita? ¿Usted piensa que es más hábil en una que en otra?
38. Cuando debe trabajar por primera vez con alguien, ¿cómo averigua su estilo de trabajo, sus virtudes y defectos?

39. Cuénteme sobre una situación laboral que requirió un buen manejo de la comunicación.
40. ¿Qué cosas cree que nunca deben comunicarse mediante un memo o un e-mail?

Acerca del manejo de los recursos humanos

41. ¿Cómo les da la bienvenida y orienta a los nuevos empleados en su departamento o equipo?
42. Si contratara a alguien para el puesto de ...., ¿qué cualidades buscaría?
43. ¿A cuántas personas ha contratado en los últimos dos años? ¿Para qué puestos?
44. ¿Posee alguna pregunta favorita para formular en las entrevistas de selección?
45. ¿Qué es lo primero que busca en un currículum o solicitud de empleo?
46. ¿Cómo comprueba las referencias?
47. Cuénteme sobre su éxito más destacado de contratación.
48. Cuénteme sobre el error más importante de contratación que haya cometido.
49. ¿Cómo podríamos mejorar el proceso de selección para este cargo?
50. ¿Qué provoca el excesivo cambio de personal en una organización?
51. ¿El recambio de personal siempre es perjudicial?
52. ¿Cómo maneja las evaluaciones de personal?
53. Cuénteme si debió comunicar alguna evaluación negativa.
54. ¿Cuál es su concepto de disciplina?
55. ¿Cuáles son los problemas y las quejas más comunes que surgen de parte de su personal? ¿Cómo los maneja?
56. ¿Cómo mantiene la disciplina en su departamento o equipo?
57. Cuénteme cómo resolvió algún problema de indisciplina de un subordinado.
58. Cuénteme sobre alguna vez en que haya tenido que armar un equipo rápidamente.
59. ¿Cómo, específicamente, contribuye usted para un buen clima de trabajo en equipo?

60. ¿Cómo definiría el comportamiento ético del empleado?
61. ¿Qué programas han aplicado usted o la compañía para mejorar la ética entre las personas que le acercan información?
62. ¿Cómo mantiene informado a su personal sobre los emprendimientos y las decisiones corporativas?
63. Describa el tipo de relación que considera debe existir entre un jefe y sus subalternos.
64. ¿Cómo se maneja con la asignación de recursos humanos y la organización de proyectos?
65. ¿Cómo determina quiénes necesitan capacitación adicional?
66. ¿Qué tipo de capacitación le ha ofrecido a otras personas? ¿Cómo evaluó sus efectos?
67. Si lo contratamos para este empleo, ¿cómo encararía los primeros treinta días?
68. ¿Cuál es el mayor desafío intelectual que busca en un puesto y por qué?
69. ¿Qué hace cuando sabe que tiene razón y los demás no concuerdan con usted?
70. Además del dinero, ¿que más considera importante para motivar a las personas?
71. ¿Cuáles fueron sus logros más importantes en su último empleo?
72. ¿Ha ejecutado políticas o sistemas nuevos o diferentes en algún puesto que ha ejercido?
73. ¿Cuál fue el problema más difícil que enfrentó? ¿Cómo lo solucionó?
74. ¿Cuál es el trabajo más monótono para usted?
75. Cuénteme qué enfoques serían apropiados para desarrollar mercados internacionales en los próximos tres años, en especial considerando la situación financiera y de los mercados internacionales de la actualidad. (Según el momento en que esta pregunta se formule se puede relacionar con algo que esté pasando, como fue el denominado "efecto tequila" hace unos años, el problema de los mercados orientales o los derivados de otros países del Mercosur.)

Acerca de presupuestos y control

76. Describa el defecto de control interno más importante que haya identificado y qué hizo para remediarlo. ¿Cuáles fueron los resultados?

77. Describa el proyecto de reingeniería más importante que haya conducido. ¿Cuáles fueron los resultados?
78. ¿Realiza revisiones salariales de empleados? Si así es, ¿cómo?
79. Cuénteme cómo maneja la confección del presupuesto anual.
80. ¿Tiene problemas para manejarse dentro de un presupuesto?
81. Distinga entre la planificación a corto, a mediano y a largo plazo.
82. Cuénteme si ha realizado cálculos de retorno de inversión en una inversión estratégica. Por favor, mencione ejemplos.
83. ¿Cómo se maneja con los anticipos de gastos? ¿Puede dar un ejemplo?
84. Cuénteme sobre alguna vez en que haya subestimado un presupuesto y haya tenido que solicitar dinero adicional.
85. ¿Alguna vez debió reestructurar su presupuesto en medio del año fiscal? ¿Cómo lo manejó?
86. ¿Cómo confeccionaría un presupuesto en el cargo que solicita?

Acerca de marketing, ventas y servicio al cliente

87. ¿Cómo vendería nuestro producto (o servicio)?
88. ¿Qué estrategias emplea para encontrar un tema de interés común con sus clientes?
89. ¿Puede darme un ejemplo de cómo ser positivo respecto de un producto, incluso cuando se mencionan aspectos negativos del mismo?
90. Si yo fuera un posible cliente, ¿qué indicios sobre la mejor forma de encararme le brinda la oficina?
91. ¿Qué estrategias utiliza durante una venta para repetirle al cliente los conceptos clave del producto (o servicio)?
92. ¿Tiene algún recurso para convertir a un comprador ocasional en un cliente regular?
93. Para un candidato a fuerza de ventas, ¿cuál era el volumen de ventas cuando comenzó? ¿Cuál es el actual o cómo quedó cuando se retiró?
94. ¿Qué ha aprendido sobre el uso de técnicas para promover las ventas?
95. ¿Qué estrategias utiliza para que sus preguntas o comentarios se fijen en la mente del cliente?

96. Cuénteme sobre alguna vez en que realizó un seguimiento con un cliente reacio y no pudo obtener el pedido.
97. Cuénteme sobre alguna vez en que tuvo que olvidar sus propios prejuicios para realizar una venta.
98. ¿Puede contarme sobre un programa de incentivo de venta que lo motiva?
99. ¿Qué modelos de motivación le resultan más interesantes?
100. ¿Cuándo fue la última vez que envió una nota de agradecimiento a un cliente?
101. ¿Cómo le demuestra a un cliente que es importante?
102. El puesto requiere una gran cantidad de viajes. ¿Cree que posee la capacidad y la disponibilidad para resistirlos durante largos períodos en condiciones extenuantes?
103. Cuando desea hablar con un cliente, ¿qué estrategias utiliza si lo atiende la secretaria o la telefonista?
104. ¿Cómo maneja o demuestra su iniciativa en las ventas telefónicas?
105. ¿Qué le gusta menos de las ventas telefónicas?
106. ¿Cómo califica a un cliente?
107. ¿Cuánto tiempo suele pasar desde el contacto inicial hasta el cierre de una venta?
108. ¿Qué porcentaje de sus contactos iniciales se convierte en verdaderas presentaciones de ventas?
109. ¿Qué porcentaje de sus llamadas con el propósito de vender se concretan en ventas?
110. ¿Cómo identificaría clientes potenciales en un mercado nuevo? Dé un ejemplo.
111. ¿Qué piensa sobre la búsqueda de clientes o el desarrollo de nuevos mercados o regiones geográficas?
112. Cuénteme sobre alguna vez en que haya estado a punto de perder una venta y logró recuperarla.
113. ¿Cuáles son las cinco objeciones más comunes que enfrenta y cómo las resuelve?
114. ¿Cuál fue la objeción más inesperada que haya recibido y cómo la manejó?
115. ¿Cómo define "servicio al cliente"?

116. ¿Puede contarme sobre alguna vez en que tuvo que resolver un problema aunque no era técnicamente su responsabilidad?
117. Nombre una forma en que haya brindado un servicio excelente a un cliente.
118. Describa una situación donde tuvo que trabajar extra para un cliente.
119. Dé un ejemplo sobre alguna vez que tuvo que modificar sus métodos para alcanzar un acuerdo.
120. ¿Quiénes son sus clientes en su actual empleo?
121. Si un cliente se quejara de la atención recibida, ¿cómo lo manejaría?
122. En su último empleo, ¿con qué frecuencia realizaba encuestas sobre la satisfacción del cliente?
123. Cuénteme sobre su peor dilema de servicio y cómo lo resolvió.
124. ¿Qué estrategia ha aprendido para alentar a los clientes para que paguen a tiempo?
125. ¿Qué estrategias ha utilizado para no involucrarse en los estados de ánimo de los clientes?
126. ¿Cómo trata a los clientes que creen que tienen razón incluso cuando están equivocados?
127. ¿Cuál es la actitud de servicio al cliente en su actual organización?
128. ¿Cómo maneja a los clientes que sacan ventaja del personal de soporte de ventas?
129. ¿Cuál es la mejora más importante en servicios al cliente que haya alcanzado el año pasado?
130. ¿Qué podemos hacer en esta compañía para satisfacer más a nuestros clientes?

Acerca de la informática y la tecnología

131. ¿Cómo se mantiene al tanto de los nuevos desarrollos en informática?
132. Describa una situación en la que fue capaz de incrementar la utilidad/calidad de información y la productividad para su empleador en un sistema cuya estructura principal ya existía.
133. ¿Cómo ha evolucionado su concepto de la calidad de los sistemas informáticos a lo largo de los años?

134. Describa las estrategias que emplea para la evaluación de un software.
135. ¿Qué parámetro puede utilizarse para medir la conveniencia de los sistemas informáticos? ¿Qué parámetros pueden utilizarse para medir la satisfacción del usuario?
136. ¿Qué estrategias recomendó a la/s organización/es para enfrentar los problemas del año 2000?
137. ¿Cómo reorganizaría el soporte informático de nuestra empresa con pocos recursos?
138. Sabemos que los nuevos lenguajes (se pueden mencionar algunos) poseen varios beneficios. ¿Cuáles de estos beneficios considera más importantes? ¿Por qué?
139. ¿En qué se diferencia un buen programa de uno malo?
140. En algunos ámbitos se piensa que la relación cliente/servidor tiende a desaparecer, ¿está de acuerdo? ¿Por qué cree que es así?
141. ¿Cuál es el futuro de los *servers* (servidores centrales) en un mundo que privilegia las PC (ordenadores personales)?
142. Describa un proyecto de reingeniería que haya conducido. ¿Cuáles fueron los resultados?
143. Explique la diferencia entre Internet e Intranet.
144. ¿Cuál es el beneficio más importante de los desarrollos orientados a objetos?
145. Describa los atributos centrales del modelo de programación orientado a objetos.
146. ¿Por qué el software de informática asistida de ingeniería (CASE), una tecnología que prometía demasiado, por lo general no satisface las altas expectativas generadas?
147. Describa un proyecto de migración de datos que haya realizado. ¿Cuáles fueron los resultados?
148. ¿Cuáles son las metodologías de programación estructurada más efectivas para usted?
149. Mencione la tarea más difícil que haya desempeñado utilizando la herramienta .... y cómo la realizó.
150. ¿A qué exposiciones (ferias, conferencias, etc.) de computación asiste y qué obtiene de ellas?
151. ¿Ha hecho alguna presentación en exhibiciones o seminarios de industria o comercio, u otro tipo de temas relacionados con su especialidad?

152. ¿Alguna vez publicó algo sobre informática?
153. Describa su participación en grupos de estudio sobre nuevas tendencias informáticas. ¿Cuál fue el tema específico? ¿Cuál fue su función y cuál fue el resultado?
154. ¿Posee experiencia en ....? Hábleme detalladamente al respecto.
155. ¿Ha participado en el diseño y desarrollo de un web site?
156. ¿Tiene una dirección de e-mail o un web site personal?

Sobre la base de estas preguntas usted puede formular aquellas que se relacionen en forma directa con el tema de su interés.

Para jóvenes aspirantes a su primer empleo

157. Cuénteme sobre su familia, con quiénes vive, qué hace cada uno de ellos.
158. ¿Por qué decidió ir a la universidad?
159. ¿En qué se basó su educación universitaria?
160. ¿Cómo financió sus estudios?
161. ¿Por qué eligió su especialidad? O: ¿Por qué estudió ....?
162. ¿Sus padres influyeron en su elección?
163. ¿Qué materias le gustaron más y cuáles menos?
164. ¿Hubo algún curso que le pareció particularmente difícil?
165. Si mañana pudiera comenzar sus estudios otra vez, ¿qué carrera elegiría? ¿Por qué?
166. En la universidad, ¿qué recursos utilizaba para convencer a alguien de sus ideas?
167. Basándose en lo que sabe sobre el mercado laboral, ¿qué asignaturas le fueron más útiles?
168. ¿Qué consejo le daría a un estudiante que proyecta ingresar a su especialidad?
169. ¿Cuáles son sus experiencias más memorables en la universidad?
170. ¿En qué actividades extracurriculares participó? ¿Por qué las eligió? ¿Cuál fue la que más disfrutó y por qué?
171. (En el caso de que la persona haya trabajado durante sus estudios.) ¿Qué aprendió de su experiencia laboral como estudiante?

172. ¿En qué asignaturas obtuvo sus mejores notas? ¿Por qué? ¿Cómo considera que eso influirá en su desempeño en el puesto?
173. ¿Y las notas más bajas? ¿Aplazos?
174. Si el entrevistado utilizó más años que el estándar para cursar sus estudios puede preguntar acerca de las causas; por ejemplo, si dejó un período los estudios y luego los retomó. El entrevistado no debe sentir que usted lo juzga por una mala elección de carrera o una interrupción de la misma. Usted sólo desea conocer sus motivaciones en cada caso.
175. Cuénteme un poco sobre actividades extracurriculares que lo puedan ayudar en este empleo.
176. (Pregunta aplicable en el caso de que una persona no trabaje en temas relacionados con sus estudios universitarios.) ¿Por qué trabaja en este campo y no en algo más acorde con su profesión?
177. ¿Se esfuerza por mantenerse actualizado?
178. ¿Se siente satisfecho con las calificaciones que obtuvo en la universidad?
179. ¿Considera que sus calificaciones reflejan con precisión su rendimiento?
180. ¿Alguna vez recibió una calificación menor de la que esperaba? Si ocurrió, ¿qué hizo al respecto?
181. ¿En qué actividades competitivas participó? ¿Qué aprendió entonces?
182. ¿La competencia ha tenido un impacto positivo o negativo en sus logros? ¿Cómo?
183. ¿Qué es lo más significativo sobre management que ha aprendido en la universidad?
184. ¿Por qué desea ingresar en esta especialidad?
185. Su currículum no menciona ninguna experiencia laboral en los últimos años. ¿Por qué?
186. ¿Por qué desea retirarse de una carrera consolidada para ingresar a una posición inicial?
187. ¿Qué ha realizado específicamente que demuestre su poder de iniciativa?
188. ¿Qué lo irrita?
189. ¿Qué habilidades suyas pueden mejorarse en este momento?
190. ¿Quién (o qué) ha sido de mayor influencia en su vida?
191. ¿Es usted una persona de mucha iniciativa? Mencione un ejemplo.
192. ¿Recuerda algún desafío que haya enfrentado? ¿Cómo lo manejó?

CAPÍTULO 11

24 PREGUNTAS
SOBRE OTROS INTERESES Y PARA EVALUAR LA MANERA DE PENSAR O EL SENTIDO COMÚN

Los empleadores requieren, en general, que sus colaboradores sean capaces de pensar con claridad, sintetizar información rápidamente y ser responsables por sus decisiones. Capacidades altamente requeridas son el sentido común, la cultura general y la comunicación con otras personas de diferentes niveles, desde la prensa a funcionarios de otras compañías, del propio país o de otro. Por eso consideramos importante evaluar otros aspectos del candidato más allá de los específicos del cargo.

Le damos a continuación ideas de preguntas sobre este particular. (Antes de elaborar esta parte del cuestionario, revise las preguntas del Capítulo 15 y el Apéndice.)

Las habilidades en relación con la comunicación en los medios serán tratadas también en la Parte II.

1. ¿Le interesan los deportes?
2. ¿Qué hace en su tiempo libre?
3. ¿Cuáles eran sus actividades extracurriculares cuando era estudiante?
4. ¿Qué sección del periódico lee primero?
5. ¿Qué revistas lee frecuentemente?
6. ¿Cuál es su programa de televisión favorito?
7. ¿Qué personaje público le atrae? ¿Por qué?

8. ¿Puede nombrar a los ministros de nuestro gobierno actual (o secretarios de Estado u otros funcionarios que puedan relacionarse con su tarea, como gobernadores, legisladores, jueces, etc.)?[1]
9. ¿Alguna vez fue líder de .... (participación política, gremial, estudiantil, etc.)?
10. ¿Se considera experto en vinos (cigarros, coches, etc.)?
11. Aquí no se permite fumar.[2] ¿Cómo se sentiría si trabajara con nosotros?
12. ¿Su vida social incluye compañeros de trabajo?
13. ¿Qué clase de empleos tuvo cuando era adolescente?
14. ¿Qué hace para progresar?
15. ¿Cuál es su plan respecto del progreso laboral/profesional?
16. ¿Cuál fue el viaje más interesante que haya realizado?
17. Una técnica interesante para evaluar el sentido común es comentar una noticia de actualidad y ver cómo el postulante la analiza. No estará preparado para ello y esto le permitirá analizar sus puntos de vista, planteados en forma espontánea.
18. Del mismo modo preguntar sobre un programa de televisión muy conocido o servicio nuevo o algo que esté de moda en el momento de la entrevista.
19. ¿Qué tipo de elogios recibe de sus amigos/jefes/compañeros? ¿Qué piensa usted al respecto?
20. Analizando su carrera desde sus inicios al presente ¿Cómo la ve en perspectiva?
21. ¿Ha cambiado su tolerancia para aceptar errores de sus subordinados a lo largo de los años?
22. Describa una situación en la que objetaron su trabajo o una idea suya.
23. Usted es un consultor contratado para evaluarme a mí y a la organización. Basándose en sus observaciones en esta entrevista, describa mi estilo de operar y el de todas las otras personas que conoce. Por último, cuénteme cómo puedo mejorar la organización.
24. Si usted piensa que tiene una idea genial, ¿cómo la plantea?

---

1. Sugerimos realizar esta pregunta sólo a niveles gerenciales, de relaciones públicas y otros que requieran ubicación en el contexto.
2. Cada día son más frecuentes las compañías, edificios y medios de transporte donde no está permitido fumar. Ésta es una forma discreta de preguntar sobre si la persona fuma o no y cómo se relaciona con eso.

CAPÍTULO 12

32 PREGUNTAS
SOBRE TEMAS ECONÓMICOS Y OBJETIVOS PROFESIONALES

Aspectos económicos

Los aspectos económicos suelen ser determinantes en una búsqueda; no obstante, el tema suele relegarse para el final de la entrevista. Muchos postulantes solicitarán esta información antes de aceptar la entrevista o en los minutos iniciales de la misma y, por otra parte, el entrevistador tratará de obtener una idea del nivel de remuneración pretendido por el entrevistado antes de dar ningún indicio.

En un libro[1] que hemos publicado para ayudar y orientar a quienes buscan empleo, se recomienda a los candidatos que eviten discutir requisitos salariales antes de asegurarse un interés real de parte del empleador y de parte de ellos mismos.

Le sugerimos las siguientes preguntas:

1. (Para altos ejecutivos cuya remuneración usualmente incluye salario fijo, conceptos variables y beneficios): ¿Cuál es su compensación anual? (Para otros niveles de postulantes, simplemente): ¿Cuál es su remuneración actual (o última)?
2. Si no desea ser tan directo puede preguntar por la historia laboral. ¿Puede contarme su historia salarial?

---

1. Para los puntos a tener en cuenta en una oferta laboral, ver: Alles, Martha Alicia, *Mitos y verdades en la búsqueda laboral,* Ediciones Granica, Buenos Aires, 1997.

3. Si no quedase en claro cómo se compone la remuneración del postulante usted deberá preguntar: ¿Cuál es su salario mensual/anual, excluyendo beneficios?
4. ¿Qué tipo de mejora espera obtener con un cambio?
5. Según su opinión profesional, ¿cuál sería la remuneración justa para un puesto como este?
6. ¿Estaría dispuesto a adaptarse al salario que ofrecemos para este cargo aunque sea menor que sus expectativas?
7. ¿Cuál ha sido el último aumento que tuvo? ¿Se sintió satisfecho?
8. ¿Cómo justificaría una solicitud de aumento a su actual empleador?
9. ¿Cómo se sentiría si una persona que depende de usted ganara más que usted?
10. ¿Considera que el dinero es el aspecto más importante del puesto?
11. ¿Qué piensa de un proceso donde los subordinados pueden opinar sobre la remuneración de su superior?
12. ¿Alguna vez ha trabajado percibiendo sólo comisión? Cuénteme sobre esa experiencia.
13. ¿Considera importantes los planes de *stock options* (opciones de acciones)?
14. ¿Qué aspectos no remunerativos de su compensación son importantes para usted?
15. Si su desempeño es sobre el promedio, ¿esperaría ser recompensado monetariamente por eso?
16. ¿Alguna vez le han negado un aumento de sueldo?
17. ¿Tiene algún ingreso extra?

Objetivos profesionales

El objetivo profesional del entrevistado deberá adaptarse al puesto a cubrir. Junto con la motivación para el cambio que se desarrolla en la Parte II, constituyen temas a los que corresponde prestarles profunda atención. Si bien el incentivo económico es importante, no es la única, y a veces ni siquiera la principal razón para trabajar o cambiar de empleo.

La clave para determinar el objetivo es descubrir lo más posible sobre el puesto y el candidato antes de la entrevista.

32 PREGUNTAS SOBRE TEMAS ECONÓMICOS Y OBJETIVOS PROFESIONALES

Para el momento de la entrevista le sugerimos las siguientes preguntas:

18. ¿Es importante para usted la oportunidad de alcanzar un mejor nivel?
19. ¿Por qué está interesado en este empleo?
20. ¿Cuánto tiempo permanecerá en la compañía?
21. ¿Cómo se imagina dentro de cinco o diez años?
22. ¿Cuáles son sus objetivos profesionales?
23. ¿Sus actuales objetivos profesionales son diferentes de los originales? (Según la edad del entrevistado se pueden preguntar los diferentes objetivos profesionales en distintas etapas de su historia laboral.)
24. ¿Está pensando en este momento en hacer algún cambio en su carrera?
25. ¿Consideraría la posibilidad de mudarse a otra ciudad/otro país?
26. ¿Le gustaría ser presidente de esta compañía?
27. ¿Le hubiera gustado ser el presidente de su actual/anterior compañía?
28. ¿Le hubiera gustado tener el puesto de su actual/anterior jefe?
29. ¿Le gustaría tener un negocio propio? ¿Cuál? ¿De qué tipo?
30. ¿Cuándo espera una promoción?
31. ¿Cómo imagina su desarrollo laboral en el futuro? (Según el caso se puede hablar de un futuro más o menos próximo.)
32. ¿Cuáles son sus objetivos de capacitación a corto plazo?

CAPÍTULO 13

10 PREGUNTAS DE CIERRE

Muchos entrevistadores no saben cómo empezar una entrevista y otros no saben cómo terminarla. Antes de finalizar pregúntese si sabe todo lo necesario en relación con el perfil. Cuando se utilizan formularios de registros, estos pueden ser de ayuda para no olvidarse detalles importantes. Algunas fórmulas de cierre son anunciar el paso siguiente ("Evaluaremos estos datos y lo llamaremos", etc.) o preguntar al entrevistado si tiene alguna duda (el próximo capítulo trata de las preguntas que suele hacer el postulante).

En cualquier caso, el entrevistador debe crear un clima de cierre, dar la sensación de que se han cubierto todos los puntos que se pretendía explorar y que la tarea ha sido cumplimentada satisfactoriamente, indicar cómo sigue el proceso, comprobar la disponibilidad del aspirante para futuras entrevistas y verificar los datos para localizarlo.

Cuando el tiempo disponible se termina o cuando ha obtenido toda la información que considera necesaria para tomar la decisión, la entrevista debe finalizar.

Las siguientes preguntas pueden utilizarse para finalizar la entrevista.

1. ¿Hay algo más que debería saber sobre usted?
2. ¿Qué conclusiones ha obtenido de la información brindada?
3. Basándose en lo que hemos conversado, ¿el puesto le interesa?
4. Cuénteme cuál piensa usted que sería la principal razón por la que deberíamos seleccionarlo a usted.

5. Hasta aquí hemos conversado mucho sobre usted; ¿tiene alguna pregunta para hacerme?
6. Hemos entrevistado a un gran número de candidatos. ¿Hay algún aspecto que me convenza de que *usted* es la persona a la que deberíamos contratar?
7. ¿Cómo piensa que se desempeñó en esta entrevista?
8. ¿Cuándo podría comenzar a trabajar?
9. ¿Puedo contactarme con su empleador actual para solicitarle referencias?
10. ¿Cómo se sintió en la entrevista?

CAPÍTULO 14

50 PREGUNTAS QUE USTED DEBERÁ RESPONDER

En libros anteriores,[1] destinados a la búsqueda de empleo, hemos sugerido preguntas para que los candidatos realicen durante las entrevistas, especialmente al final.

Según los gerentes de Recursos Humanos de las empresas, la mayoría de los postulantes desean averiguar aspectos económicos: salario, beneficios, etc. y, en segundo orden, las posibilidades de crecimiento que el cargo ofrece. Si bien los aspirantes que preguntan excesivamente pueden no ser adecuados, así como los impertinentes o cuestionadores, son igualmente preocupantes los que no preguntan.

¿Hasta dónde responder? Usted deberá determinarlo en cada situación. Debemos tener en cuenta que no es igual una entrevista preliminar en una consultora, que la realizada por el futuro empleador para hacer una oferta de trabajo: su obligación de contestar es muy diferente.

En el primer caso usted puede simplemente decir que está realizando *una primera entrevista y que no está autorizado para brindar toda la información aún*, y en el segundo, deberá estar al tanto de todas las posibles preguntas o bien ofrecer contestarlas luego si se refieren a algo que no sabe.

Es muy importante tener presente que en todos los casos debe ser amable y responder de modo tal de calmar las habituales ansiedades que inevitablemente siente todo aquel que participa en un proceso de selección.

Una forma adicional de evaluar a los candidatos es a través de las preguntas que ellos formulan.

---

1. Alles, Martha Alicia, *Mitos y verdades en la búsqueda laboral,* Ediciones Granica, Buenos Aires, 1997, y *La entrevista laboral,* Ediciones Granica, Buenos Aires, 1999.

Preguntas que los entrevistadores pueden suponer que les formularán los aspirantes

1. ¿Le importaría si tomo notas durante la entrevista?
2. ¿Cuándo puedo esperar noticias suyas sobre la próxima etapa durante el proceso de búsqueda?
3. ¿Qué tipo de personas buscan?
4. ¿En cuánto tiempo se tomará la decisión de contratar al nuevo colaborador?
5. ¿Cuáles son los planes de expansión de la compañía?
6. ¿Cuál es el estilo de management predominante aquí?
7. ¿Qué le gusta más a usted de su trabajo en esta compañía?
8. ¿Esta compañía posee alguna estrategia en especial para solucionar los problemas?
9. ¿Cuáles son los planes de la compañía para los próximos cinco años?
10. ¿Cómo describiría la cultura corporativa de la firma?
11. ¿Qué procedimientos de evaluación de desempeño utilizan?
12. ¿Esta compañía suele promover a su personal para posiciones jerárquicas/ejecutivas?
13. ¿Cuándo se promovió a la última persona en la compañía?
14. ¿Cómo es el clima humano dentro de la compañía?
15. ¿Cuántos empleados tiene la compañía?
16. ¿Cuáles son los planes de la compañía para expandirse? ¿Considera que debo saber algo más con respecto a esta compañía?
17. ¿Es un puesto nuevo?
18. ¿Cuántos empleados han ocupado este puesto en los últimos tres años?
19. ¿Existe una descripción del puesto? ¿Puedo verla?
20. ¿El empleo requiere viajar?
21. ¿Cómo se relaciona este puesto/departamento con la estructura organizacional?
22. ¿Con qué criterio se seleccionará a la persona que están buscando?
23. ¿Qué tareas y responsabilidades requiere el puesto?
24. ¿Qué experiencia y capacitación son ideales para este puesto?

25. ¿Cuál es el salario base para este empleo?
26. ¿Por qué no se cubre este puesto con personal interno?
27. ¿Cuáles son los tres objetivos más importantes planificados para el primer año y cuáles son las dificultades?
28. ¿Quiénes tienen la última palabra en la decisión de contratación?
29. ¿Puede decirme por qué este empleo está disponible? ¿Qué sucedió con la persona que lo ocupaba? ¿Cuánto hace que está vacante?
30. ¿Cuántos empleados tendría a mi cargo?
31. ¿Cuánta supervisión tendría como nuevo empleado?
32. ¿Puede contarme algo sobre las personas con las que yo trabajaría?
33. Supongamos que me destaco en este cargo. ¿Cómo será mi carrera?
34. ¿Qué tareas realizaría la mayor parte del tiempo?
35. ¿Qué desafíos considera que enfrentaría?
36. ¿Cuál sería mi primera tarea?
37. ¿Cómo es el personal que tendría a mi cargo?
38. Usted dijo que puedo esperar un mejor salario más adelante. ¿Cuándo se revisará mi situación y qué necesitaré exactamente para tener éxito?
39. ¿Quién sería mi superior?
40. ¿Existen algunos aspectos de mis conocimientos de los que le gustaría saber más?
41. ¿Tendré libertad como para determinar mis objetivos y límites laborales?
42. ¿Qué tipo de apoyo tendría en términos de recursos humanos y materiales?
43. ¿Cuál es el estilo de management del que sería mi superior directo?
44. ¿Qué cargo tiene el que sería mi jefe?
45. ¿De quién depende el que sería mi jefe?
46. ¿Cuáles son los planes de desarrollo del puesto?
47. ¿Cuántos empleados posee el departamento?
48. ¿El departamento es una unidad de negocios?
49. ¿El departamento trabaja en forma independiente?
50. ¿Las funciones del departamento son importantes para el *senior management*?

CAPÍTULO 15

40 PREGUNTAS PERSONALES REÑIDAS CON EL BUEN GUSTO

Si debe realizar entrevistas fuera de su país, o en la sucursal local de alguna empresa extranjera, asegúrese de conocer la legislación nacional y la política interna de la compañía respecto de las preguntas que consideran aceptables e inaceptables. Por ejemplo, en Estados Unidos se le puede preguntar a un joven si es mayor de 18 años, pero no a un adulto si es mayor de 40 (ver Apéndice).

En general, y en cualquier parte del mundo, hay preguntas relacionadas con la vida, con la historia y la conducta íntima que el simple respeto por el otro no permite formular. En este capítulo damos una lista de ellas, a las que usted podrá agregar las que su propio criterio le indique.

Por cierto, si por razones específicas y excluyentes del cargo ofrecido es importante conocer alguno de los aspectos enumerados como inaceptables, deberá recurrir a su buen gusto para interrogar de la mejor manera posible.

El consejo más general es recordar que todas las preguntas de la entrevista deben relacionarse con el puesto.

Las preguntas que no deben hacerse

1. ¿Le molesta trabajar con un jefe más joven que usted?
2. ¿Alguna vez lo condenaron por un delito?
3. ¿Alguna vez lo arrestaron?
4. ¿Tiene discapacidades físicas?

5. ¿Tiene, o ha tenido, problemas con el alcohol o las drogas?
6. ¿Tiene HIV o SIDA?
7. ¿Cuáles son sus problemas de salud?
8. ¿Es usted saludable y fuerte físicamente?
9. ¿Tiene buen oído?
10. ¿Puede leer letras pequeñas?
11. ¿Tiene problemas de espalda?
12. ¿Alguna vez le negaron el seguro médico?
13. ¿Cuándo fue la última vez que lo hospitalizaron?
14. ¿Algún miembro de su familia es discapacitado?
15. ¿Alguna vez solicitó licencia por enfermedad?
16. ¿Visita al médico con frecuencia?
17. ¿Toma a diario muchos medicamentos?
18. Esta es una compañía cristiana (o judía o musulmana). ¿Considera que sería feliz trabajando aquí?
19. ¿Es un problema para usted trabajar con personas de otra raza (religión, ideología, etc.)?
20. ¿Piensa casarse pronto?
21. ¿Es usted un padre (o madre) soltero/a?
22. ¿Qué hace para controlar la natalidad?
23. ¿Cuáles son sus planes en materia de familia? ¿Proyecta tener más hijos?
24. ¿Su apellido es judío (o cualquier otro origen)?
25. ¿Hay algún día de la semana que no pueda trabajar (en referencia a razones religiosas)?
26. ¿Es miembro de alguna iglesia?
27. ¿Sus hijos asisten a catequesis?
28. ¿Qué hace los domingos?
29. ¿Asiste a la iglesia?
30. ¿Es miembro de algún grupo religioso?
31. ¿Cuál es su orientación sexual?
32. ¿Es miembro de algún grupo de gays o lesbianas?
33. ¿Es usted heterosexual?

34. ¿Hace citas con miembros del sexo opuesto, o del mismo sexo?
35. ¿Quién pagó su educación formal?
36. ¿Tiene deudas?
37. ¿Cuánto vale su red de contactos?
38. ¿Pertenece a organizaciones gremiales?
39. ¿Está afiliado a algún partido político?
40. ¿Por quién votó en las últimas elecciones?

CAPÍTULO 16

LA IMPORTANCIA DEL REGISTRO DE LA ENTREVISTA

Muchos autores destacan la importancia del registro de la entrevista, un elemento que también nosotros consideramos muy relevante.

La recomendación principal para realizar el registro es evitar las opiniones. *Uno de los aspectos más importantes al hacer anotaciones* –dice Diane Arthur–[1] *es evitar el lenguaje subjetivo.* Por ejemplo, decir que una candidata es "atractiva" es cuestión de opinión personal; por el contrario, si usted escribe que "la presentación del aspirante está de acuerdo con la imagen del empleado que la compañía busca", eso sería objetivo.

La objetividad deberá ser su principal preocupación. No anote cosas del estilo "creo que es un candidato perfecto para el puesto"; emplee sólo frases descriptivas.

En la consultora utilizamos dos versiones de formulario[2] de registro de entrevista: uno completo y otro reducido. En ambos casos las notas se toman en dos etapas: durante y al cabo de la entrevista.

Durante la entrevista se anotan todos aquellos datos sobre los que responde el entrevistado

Experiencia y conocimientos

Empresa: cuando utilizamos el formulario "Síntesis de entrevista" habitualmente dibujamos al dorso el organigrama de la empresa.

---

1. Arthur, Diane, *Selección efectiva de personal*, Capítulo 5, Grupo Editorial Norma, Bogotá, 1987.
2. Alles, Martha Alicia, *Empleo: el proceso de selección*. Ediciones Macchi, Buenos Aires, 1998 y 2001.

Remuneración actual
Motivo del cambio

Luego de finalizada la entrevista –e inmediatamente– completamos los ítems que implican alguna valoración sobre el candidato.

Presentación
Expresión/contacto
Personalidad
Conclusión: en relación con el perfil requerido.

Tenga en cuenta que el entrevistado verá lo que usted anote y, además, no debe dar la impresión de que escribe cosas que no quiere que el otro vea.

Por último, puede usar formularios prediseñados o una hoja de papel en blanco, lo realmente importante es que registre todo sobre su entrevista. Incluiremos al final de este capítulo las dos versiones de formularios.

¿Por qué este tipo de formularios?

Entendemos que cuando se trata de oficinas donde se realizan muchas entrevistas, es de mayor utilidad que los registros no se correspondan con evaluaciones de candidatos, ya que invalidan los registros para otras eventuales búsquedas donde el entrevistado pueda volver a participar. Por lo tanto, para comparar postulantes usted puede utilizar una hoja de trabajo como la que incluimos aquí, y que puede ser confeccionada en el procesador de textos.

Modelo de evaluación de diferentes candidatos

En la primera columna –Perfil– se anotan los atributos requeridos, desde los más fácilmente detectables, como los conocimientos y la experiencia, hasta los de personalidad o competencias, según el esquema deseado.

En las restantes se registran las distintas características de los entrevistados.

Muchos optarán, yo me encuentro entre ellos, por evaluar sólo a los aspirantes que están cerca del perfil buscado.

LA IMPORTANCIA DEL REGISTRO DE LA ENTREVISTA

Perfil	Candidato 1	Candidato 2	Candidato 3	Candidato 4	Candidato 5
Requisitos excluyentes					
Requisitos no excluyentes					
Otros requisitos					
Atributos de personalidad					
Competencia 1					
2					
3					
etc.					

A continuación incluimos los formularios prediseñados.

REGISTRO DE LA ENTREVISTA
(hoja 1)

		Fecha	Día	Mes	Año
Entrevistado:	Nombre completo y apellidos				
Título:	Universitarios y de posgrado				
Idiomas:	Idiomas que se conocen y si los usa laboralmente				
Edad:	Indicar edad del postulante				
Posición requerida:	Cargo o función para la cual se está trabajando en el proceso de selección y/o al cual el postulante aspira				

TRABAJO ACTUAL (o último)

EMPRESA:	Razón social de la compañía				
Ramo:	Actividad de la compañía	Facturación anual:	En números y en pesos o en dólares		
N° de empleados:	Número total de empleados	Otros:	Algún dato adicional que se destaque de la compañía		

DESCRIPCIÓN DEL CARGO
Dependencia

Línea:	Indicar cargo al cual se reporta linealmente
Funcional:	Indicar cargo al cual se reporta funcionalmente
Sectores a cargo:	Nombre de los departamentos a cargo y número de personas supervisadas

Dibujo del organigrama

Esquema gráfico del área en la cual se desempeña el candidato; incluye los sectores a su cargo y los niveles de *reporting*

LA IMPORTANCIA DEL REGISTRO DE LA ENTREVISTA

REGISTRO DE LA ENTREVISTA
(hoja 2)

Entrevistado:	Nombres y apellidos

DESCRIPCIÓN DEL CARGO (continuación)
Principales funciones: Enumerar las responsabilidades y tareas relevantes de la función

_____
_____
_____
_____
_____
_____
_____
_____

PLAN DE CARRERA   Personal [ ]   En la organización [ ]

Indicar si existen posibilidades de desarrollo profesional desde lo personal o en la organización con una X

En .... años	Mencionar las próximas promociones en la escala jerárquica indicando a la izquierda en cuántos años
En .... años	Ídem
En .... años	Ídem

EXPERIENCIA ANTERIOR RELEVANTE   (Tipo de empresa, funciones, número de años)

Se mencionan las empresas en las cuales se desempeñó, descripción de las funciones más relevantes, el número de años en cada puesto y compañía, y preferentemente los motivos de cambio de trabajo

_____
_____
_____
_____
_____
_____

REGISTRO DE LA ENTREVISTA
(hoja 3)

Entrevistado:	Nombres y apellidos

RESPONSABILIDAD DEL CARGO

Indicar en el cuadro adjunto con una X las distintas responsabilidades en función de los distintos niveles jerárquicos

	Informar	Colaborar	Controlar	Convencer
Superiores				
Colegas				
Colaboradores				
Clientes				
Proveedores				
Otros				

CARACTERÍSTICAS DEL CONTEXTO SOCIAL

Mencionar algún dato relevante que describa el entorno sociocultural en el que se desenvuelve el evaluado en las situaciones planteadas abajo

Jefe:

Clientes más importantes:

Colegas:

Proveedores:

Supervisados:

REGISTRO DE LA ENTREVISTA
(hoja 4)

Entrevistado:	Nombres y apellidos			
EDUCACIÓN				
Secundaria				
Indicar título secundario, institución y año de egreso				
Universitaria				
Título, institución y año de egreso. Indicar año en curso si no está recibido				
Posgrados				
Título, institución y año de egreso. Indicar año en curso si no se finalizó				
Conocimientos especiales				
Cursos de especialización relevantes para la búsqueda o posición				
P.C.				
Utilitarios que se manejen con fluidez				
En el cuadro adjunto indicar el idioma que se conoce y el nivel (muy bien, bien, regular)				
Idioma	Lee	Escribe	Habla	Bilingüe
Inglés				
Francés				
Portugués				
Alemán				
Otro				
Lugar de residencia:	Domicilio actual del postulante, mencionando localidad			
Disponibilidad para viajar:	Indicar sí o no			
Disponibilidad para mudarse:	Indicar sí o no y si existe preferencia por alguna ciudad en particular			
Movilidad propia:	Indicar sí o no y modelo de coche			
Estado civil:	Cantidad de hijos:			

REGISTRO DE LA ENTREVISTA
(hoja 5)

Entrevistado:	Nombres y apellidos

COMENTARIOS FINALES

Presentación general:	Describir el grado de formalidad o informalidad de la apariencia del postulante
Expresión verbal:	Relevar el grado de poder de síntesis, conceptualización, orden en el discurso, fluidez
Contacto:	Indicar la adecuación a las consignas, relación con el interlocutor, comunicación

ASPECTOS DE PERSONALIDAD RELEVADOS

Indicar con una X en alto, mediano o bajo, los aspectos de personalidad relevados, según el cuadro adjunto

	Alto	Mediano	Bajo	No relevado
Trabajo en equipo				
Autonomía				
Flexibilidad				
Seguridad				
Integración social				
Iniciativa				
Empuje				
Organización, programación y planificación				
Potencial de desarrollo				
Comunicación				
Orientación al cliente				
Orientación al negocio				
Capacidad de liderazgo				

MOTIVACIÓN PARA EL CAMBIO

Indicar con una X la o las causas de la búsqueda de un cambio laboral

Económica		Problemas con el jefe	
Desarrollo de carrera		La empresa se muda lejos de su domicilio	
Tipo de empresa		Excesivos viajes	
Está sin trabajo		No está buscando trabajo	
Teme quedarse sin trabajo		Otros	
Comentarios:		Mencionar aquellos datos relevantes para la correcta evaluación de las motivaciones del cambio	

LA IMPORTANCIA DEL REGISTRO DE LA ENTREVISTA

REGISTRO DE LA ENTREVISTA
(hoja 6)

Entrevistado:	Nombres y apellidos
Disponibilidad para el cambio:	Indicar el tiempo que necesitaría el candidato para desvincularse de su actual trabajo

ASPECTOS ECONÓMICOS

REMUNERACIÓN ACTUAL

Salario mensual/anual:	Expresarlo en valores brutos		
Variable:	Registrar en caso de percibirse comisiones		
Coche sí/no:	Indicar modelo y año.	Gastos pagos:	Gastos de representación
Bonus:	Registrar en caso de que existan bonificaciones o premios por cumplimiento de objetivos		
Otros:	Indicar cualquier otro beneficio que no se encuentre entre los mencionados arriba		

PRETENSIONES

Indicar las pretensiones salariales del candidato, en valores brutos e incluyendo los beneficios a que aspira

CONCLUSIONES

Elaborar una conclusión fundada acerca de las competencias fuertes y débiles del postulante y su adecuación al perfil trabajado

Entrevistó:	Nombre y apellido	Fecha:	Día-Mes-Año
2ª entrevista:	Nombre y apellido	Fecha:	Día-Mes-Año

SÍNTESIS DE ENTREVISTA

Fecha: ...... / ...... / ......
Entrevistado: .... Edad: ....
Remuneración pretendida: ....
Título: ....
Idiomas: ....
Disponibilidad: .... Movilidad propia: ....
Posición requerida: ....

1. Presentación: ....
2. Expresión /contacto: ....
   ....
3. Experiencia y conocimientos: ....
   ....
   ....
   ....
   ....
4. Empresa (estructura, ramo y volumen) y posición actual (indicando dependencia): ......
   ....
   ....
   ....
   ....
   ....
5. Remuneración actual: ....
6. Motivo del cambio: ....
   ....
7. Personalidad: ....
   ....
   ....
   ....
8. Conclusión: ....

PARTE II

ENTREVISTAR POR COMPETENCIAS

CAPÍTULO 17

¿QUÉ ES ENTREVISTAR POR COMPETENCIAS?

La evolución de los negocios y su complejidad han enriquecido el concepto más tradicional de lo que se requería para cubrir un cargo. Hoy, un contador, además de sus amplios conocimientos técnicos, debe poseer orientación al cliente interno o externo, aspecto sobre el que quizá no se pensaba hace unos años.

Siendo esto así, se ha agudizado la necesidad de detección de estas otras competencias a las que hemos denominado *competencias de gestión*. Dadas su importancia y la incorporación de las mismas a los perfiles, hay que analizar cómo se consideran en el proceso de selección.

Entrevistar por competencias es una parte del proceso de selección, muy importante por cierto; pero recuerde que cuando una empresa necesita un experto en un determinado *software*, primero indagará sobre los aspectos de la especialidad y sólo después analizará las competencias; cuando un banco necesita un gerente para una sucursal del interior, primero intentará identificar a la persona que mejor conozca la plaza y el negocio.

Por lo tanto, trabajar por competencias –y, sobre todo, entrevistar por competencias– presupone que primero se deberán despejar del perfil los conocimientos técnicos que el cargo vacante requiere. Una vez que estemos convencidos de que los mínimos requisitos están cubiertos, trabajaremos sobre las competencias, en la misma entrevista o en otra. (Destinamos el Capítulo 10 de este libro a ese punto en particular.)

Hemos denominado *competencias de conocimientos* a las técnicas y *competencias de gestión* a las que nos referiremos en esta parte de la obra.

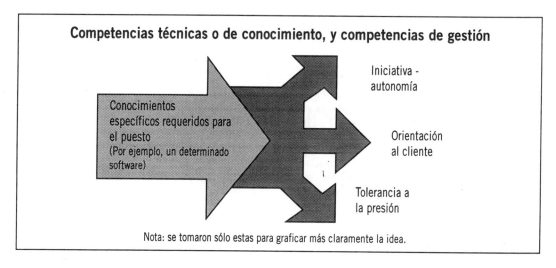

Las competencias requeridas difieren según las especialidades y los niveles de los funcionarios dentro del esquema general de la compañía. En ocasiones, una misma competencia, como por ejemplo la capacidad de liderazgo, puede ser necesaria tanto en jóvenes profesionales como en los máximos ejecutivos, pero su importancia no será la misma en ambos niveles. Otras, por ejemplo la capacidad de aprendizaje, pueden ser requisito en un nivel –como el inicial– y no en otro, como el directivo.

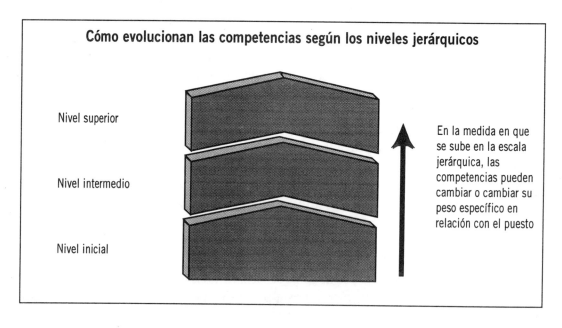

En una entrevista dirigida se pueden combinar las diferentes técnicas que presentamos. Nada impide que usted comience con una pregunta abierta, *cuénteme sobre su historia laboral,* y una vez que se haya formado una idea sobre los conocimientos técnicos y la experiencia laboral necesaria para cubrir ese puesto, pase a la entrevista por competencias sobre el modelo que sugeriremos en los capítulos siguientes.

¿Qué es una competencia?[1]

Spencer y Spencer[2] definen la competencia como *una característica subyacente de un individuo que está causalmente relacionada con un nivel estándar de efectividad y/o con un desempeño superior en un trabajo o situación.*

Es decir que la competencia es una parte profunda de la personalidad; conocerla puede ayudar a predecir comportamientos en una amplia variedad de situaciones y desafíos laborales.

"Causalmente relacionada" significa que la competencia origina o anticipa el comportamiento y el desempeño.

Criterio estándar significa que la competencia realmente predice quién hará algo bien o pobremente en relación con un criterio específico o estándar definido con anterioridad. Ejemplos de criterios estándar para fuerzas de ventas: el volumen esperado de ventas en unidades y/o pesos o dólares para un período determinado; el número de clientes que compran un servicio, etc. Los criterios estándar para áreas comerciales son –en general– más fáciles de cuantificar, pero igualmente es posible determinarlos para otras funciones.

Los mismos autores introducen el Modelo del iceberg, donde muy gráficamente dividen las competencias en dos grandes grupos: las más fáciles de detectar y desarrollar, como las destrezas y conocimientos, y las menos fáciles, como el concepto de sí mismo, las actitudes y los valores y el núcleo de la personalidad. Es decir que pueden clasificarse en profundas y tangibles.

---

1. No es propósito de este libro tratar la gestión integral de los recursos humanos por competencias; sólo tocaremos muy brevemente el tema, para luego abocarnos al objetivo central: la entrevista por competencias.
2. Spencer, Lyle M. y Spencer, Signe M., *Competence at work, models for superior performance,* John Wiley & Sons, Inc., USA, 1993.

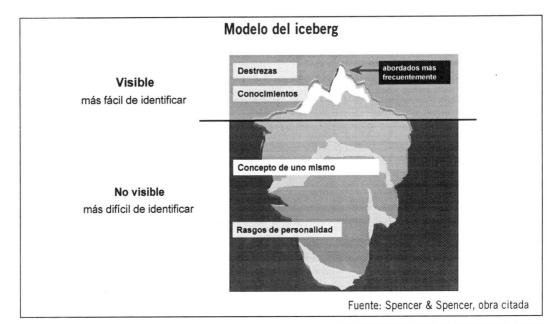

Fuente: Spencer & Spencer, obra citada

Fuente: Spencer & Spencer, obra citada

La autora francesa Claude Levy-Leboyer,[3] profesora de psicología del trabajo, resume el tema de la siguiente manera:

- Las competencias son una lista de comportamientos que ciertas personas poseen en mayor medida que otras, y que las transforman en más eficaces para una situación dada.
- Esos comportamientos son observables en la realidad cotidiana del trabajo e igualmente en situaciones de evaluación. Son indicios integrales de aptitudes, rasgos de personalidad y conocimientos adquiridos.
- Las competencias representan un rasgo de unión entre las características individuales y las cualidades requeridas para conducir las misiones profesionales prefijadas.

La misma autora presenta una lista de **competencias universales para los cuadros superiores**, tema que desarrollamos en el Capítulo 19.

Presentación oral
Comunicación oral
Comunicación escrita
Análisis de problemas de la organización
Comprensión de los problemas de la organización
Análisis de los problemas de fuera de su organización
Comprensión de los problemas de fuera de su organización
Planificación y organización
Delegación
Control
Desarrollo de los subordinados
Sensibilidad
Autoridad sobre individuos
Autoridad sobre grupos
Tenacidad
Negociación
Vocación para el análisis
Sentido común
Creatividad
Enfrentamiento de riesgos
Decisión

---

3. Levy-Leboyer, Claude, *La gestion des compétences,* Les éditions d'organisation, París, 1992.

Conocimientos técnicos y profesionales
Energía
Apertura a otros intereses
Iniciativa
Tolerancia al estrés
Adaptabilidad
Independencia
Motivación

Levy-Leboyer enumera asimismo las que llama supracompetencias:

Intelectuales
- perspectiva estratégica
- análisis y sentido común
- planificación y organización

Interpersonales
- dirección de colaboradores
- persuasión
- decisión
- sensibilidad interpersonal
- comunicación oral

Adaptabilidad
- al medio

Orientación a los resultados
- energía e iniciativa
- deseos de éxito
- sensatez para los negocios

(En esta obra nos referimos a las supracompetencias en el Capítulo 20.)

Ejemplos prácticos

Para una mejor comprensión de estos conceptos incluiremos aquí algunos ejemplos de competencias utilizadas por algunas compañías.

Banca Nazionale del Lavoro

Para los empleados junior del área comercial, han definido las siguientes competencias:

- Orientación al cliente
- Orientación a la calidad
- Orientación a los resultados
- Iniciativa - Proactividad
- Adaptación al cambio
- Trabajo en equipo

Citibank

Para sus jóvenes profesionales enumera:

- Iniciativa - Autonomía
- Dinamismo - Energía
- Responsabilidad
- Orientación al cliente interno y externo
- Capacidad de aprendizaje
- Productividad
- Alta adaptabilidad - Flexibilidad
- Liderazgo
- Trabajo en equipo (*team work*)
- Tolerancia a la presión
- Modalidades de contacto
- Habilidad analítica
- Expectativas de desarrollo profesional

Novartis

Para ellos las competencias-factores clave del éxito son:

- Liderazgo
- Potenciación del propio equipo de trabajo bajo la figura de *dar poder al equipo* (*empowerment*)
- Servicio al cliente - Calidad de trabajo
- Competencia - Capacidad
- Rapidez - Desempeño - Sencillez - Iniciativa
- Franqueza - Confiabilidad - Integridad
- Comunicaciones
- Nivel de compromiso - Disciplina personal

Ford Argentina

Bajo el lema de "excelencia para los negocios" clasifican las competencias en:

- ➪ Conocimientos y experiencia
  - ➤ Idoneidad técnica
  - ➤ Visión global de negocios
  - ➤ Métodos de calidad
- ➪ Habilidades
  - ➤ Pensamiento sistémico
  - ➤ Orientación a los resultados
  - ➤ Comunicación
- ➪ Características personales
  - ➤ Coraje
  - ➤ Perseverancia
  - ➤ Innovación
- ➪ Valores
  - ➤ Compromiso y dedicación
  - ➤ Trabajo en equipo
  - ➤ Integridad

¿Quién define las competencias?

La respuesta es simple: la empresa, con la participación activa de su máxima línea de conducción. Este no es un tema menor y es así en todos los casos que conocemos; es imprescindible este compromiso y participación, y la definición de las competencias no puede dejarse en manos, aunque expertas, de menor nivel dentro de la organización. Si recurre a la ayuda de una consultora externa, esta deberá trabajar, sin excepción, con los número uno de la empresa para definir las competencias. Los llamados diccionarios de competencias son tan extensos como la imaginación de los distintos especialistas lo permita, por lo tanto, como la empresa no es de los consultores, será ella misma la que deberá definir sus propias competencias o factores clave del éxito.

Las competencias así definidas se aplican a las diferentes funciones de recursos humanos. Aquí nos ocuparemos solamente de competencias en los procesos de reclutamiento y selección.

Y –a su vez– nos dedicaremos en especial a las competencias durante las entrevistas. ¿Por qué decimos entrevistas en plural? Porque la técnica de entrevistar por competencias puede ser aplicada en los primeros pasos de la selección, es decir, en la primera o segunda entrevistas, realizadas en una consultora o en el área de Recursos Humanos, o puede ser aplicada por la línea que necesita cubrir la posición o por el mismo futuro jefe del evaluado.

En cualquiera de estas situaciones, la técnica de entrevista es la misma: sólo se requiere entrenamiento. En el gráfico siguiente intentamos mostrar la interrelación de la gestión por competencias con toda el área de RR.HH.

Fuente: *Dirección estratégica de recursos humanos. Gestión por competencias.* Ediciones Granica, Buenos Aires, 2004.

¿Cómo aplicar competencias al proceso de selección?

Hay una diferencia entre la mera descripción del puesto y la gestión por competencias.

Las personas no deben ocupar un puesto de trabajo, sino dominar un conjunto de competencias.

Para evaluarlas, se utilizan nuevas técnicas. Cuando un proceso de selección se dirige a medir destrezas y conocimientos, es relativamente sencillo, pero cuando lo que se desea evaluar son las conductas, todo se torna más complicado. Eso es lo que trataremos de resolver en esta parte del libro. Como es más sencillo evaluar conocimientos, muchos cubren sólo este aspecto al contratar personal y luego se presentan los problemas. Si la empresa trabaja por competencias es necesario entrevistar y seleccionar en función de las mismas.

Por lo tanto, un consultor debe conocer las competencias requeridas por el puesto en la empresa y si es especialista en RR.HH. deberá tener en claro las competencias de esa área en particular.

Primer paso,
    detectar las competencias clave:
- la visión y la misión de la empresa;
- los objetivos del negocio y el plan de acción;
- la visión de la alta dirección;
- la cultura de la empresa y su estilo;
- las competencias requeridas.

Segundo paso,
    detectar en los candidatos las características clave que guardan una relación causal con un desempeño superior en el trabajo.

Tercer paso,
    utilizar nuevas herramientas:
- nuevo formato de entrevista;
- manual de competencias;
- dinámica grupal.

Cuarto paso,
    hacer el seguimiento del comportamiento de las competencias observadas en la selección.

¿Por qué estos cuatro pasos? Porque el principal objetivo que persiguen las empresas cuando adoptan el modelo de competencias es lograr que la empresa sea competitiva; el modelo no debe interpretarse solamente como un programa de desarrollo de recursos humanos.

Perfil de puesto por competencias

¿Qué es un perfil de competencias? Es un modelo conciso, fiable y válido para predecir el éxito en el puesto. Las competencias están estrechamente relacionadas con la estructura, la estrategia y la cultura de la empresa e implican las características personales causalmente ligadas a resultados superiores en el puesto.

¿Cómo elaborar un perfil de competencias? ¿Qué herramientas utilizar?

- Definir claramente las competencias, buscando las características personales de excelencia. Son diferentes en cada empresa y dentro de una misma empresa pueden ser diferentes en cada área.
- Realizar entrevistas sobre incidentes críticos, buscar los motivos, habilidades y conocimientos que una persona realmente tiene y usa.
- Formular preguntas para detectar competencias, nuestro objetivo fundamental en esta parte del libro.
- Tener acceso a una base de datos de competencias, con información sobre otras organizaciones y puestos similares.

Con estos cuatro ítems se identifican competencias, niveles de las mismas y las conductas asociadas.

De allí surge el perfil de competencias. En los tres capítulos siguientes presentamos competencias supuestas para tres diferentes niveles con una definición de cada una. No corresponden a una empresa, sino que resumen la definición de varias empresas relevadas que trabajan bajo el esquema de competencias.

La selección por competencias

La entrevista de incidentes críticos

Este aspecto es abordado, entre otros, por Penny Hackett,[4] quien afirma: *Si se permite que el entrevistado identifique ejemplos del trabajo, de su casa, de hobbies, de educación, de otras actividades de su vida, puede asegurarse de estar brindando equitativamente a cada candidato una oportunidad para demostrar su adaptabilidad.*

---

4. Hackett, Penny, *The selection interview*, Institute of Personnel and Development, Londres, 1995.

Características

- Utiliza una **estrategia estructurada de exploración** (y no una secuencia de preguntas) que logra obtener las experiencias del entrevistado tal y como él las ve.
- Obtiene **comportamientos concretos** (acciones y pensamientos) que tuvieron lugar **en el pasado**.
- Va más allá de los valores del candidato o de lo que él cree que hace. Logra averiguar **lo que de verdad hace**.
- Se centra en aquello que el entrevistado hace, en relación con lo que asegura **el éxito en el puesto**.

Herramientas para obtener información de las competencias de la persona

- *Assessment center*, dinámicas de grupo, *role playing*
- Entrevista focalizada B.E.I.[5] que trataremos en el Capítulo 24.
- Entrevistas situacionales
- Pruebas de trabajo
- Test de aptitudes
- Test de personalidad
- Datos biográficos
- Referencias
- Entrevistas tradicionales

¿Cómo se entrevista por competencias?

En primer lugar, usted podrá destinar una reunión íntegra para entrevistar por competencias o bien incluir esta herramienta en el transcurso de una entrevista. Dependerá del tiempo disponible, del nivel del candidato a entrevistar, de la posibilidad o no de convocarlo a más de una reunión, etcétera.

---

5. Spencer y Spencer, obra citada. Las iniciales corresponden a la expresión *Behavioral Event Interview*, Entrevista por Eventos Conductuales. Consta de cinco partes: 1) Introducción y exploración, experiencia y formación del individuo; 2) Responsabilidades en su actual trabajo; 3) Eventos conductuales (el entrevistado debe describir detalladamente cinco o seis situaciones importantes de su trabajo y dos o tres puntos sobresalientes y dos o tres puntos de baja actuación); 4) Sus necesidades en referencia al trabajo y 5) Conclusiones del entrevistado sobre la entrevista.

Es posible que, si usted está entrevistando a un nivel gerencial, no pueda utilizar todas las preguntas para evaluar todas las competencias. En ese caso, deberá elegir con anticipación qué es lo más importante para ese puesto en particular.

Si la búsqueda la lleva a cabo una consultora, podrán trabajar en equipo y dividirse la evaluación de las competencias. Toda planificación es posible.

¿Qué significa una entrevista así? ¿Qué permite evaluar?

Este tipo de entrevista es fundamental para las empresas que hayan instrumentado un esquema global de gestión por competencias. Además, y muy importante, objetiviza la selección, ya que el análisis se centra sobre hechos concretos.

Si una empresa no trabaja por competencias puede, de todos modos, llevar a cabo procesos de selección análogos, tomando las principales competencias –que entienda representen el sentir de la compañía– de nuestro glosario de competencias y sus preguntas asociadas, que se enumeran en los tres capítulos siguientes.

Un comentario sobre la entrevista situacional hipotética

Para muchos autores es una herramienta más útil que la entrevista sobre experiencias pasadas. Como ya hemos indicado, disentimos acerca de ello, salvo que se la utilice para comprobar otros resultados. ¿Por qué? Pensamos que las personas, frente a un *¿qué haría usted si...?*, dejarán fluir su imaginación. Supongamos que a un varón que siente admiración por Bruce Willis le preguntan: ¿Qué haría usted si se encontrara en un edificio tomado por terroristas? Quizá nos conteste algo similar a lo que el actor realizó en "Duro de matar", pero puesto en la situación, sólo atine a esconderse o huir.

Por lo tanto sólo nos parece interesante como un elemento de un proceso completo.

Diferentes son los *assessment,* los *role playing,* los juegos de empresas u otros ejercicios situacionales, ya que la persona en esos casos resuelve situaciones que se asemejan a la realidad.

Según Spencer y Spencer[6] los entrevistadores tradicionales pueden pertenecer a una de las cinco clases siguientes:

---

6. Spencer y Spencer, obra citada.

⇨ *el fáctico*
⇨ *el terapista*
⇨ *el teórico*
⇨ *el adivinador de la suerte*
⇨ *el vendedor de ideas.*

El fáctico. Sólo busca información específica e ignora los motivos, los valores y otras competencias.

Ejemplo: *¿Qué promedios tuvo en el colegio?*

El terapista. Sólo pregunta sobre sentimientos, actitudes y motivos, lo que dice muy poco sobre lo que una persona sabe hacer.

Ejemplo: *Entonces en tal situación usted sintió...*

El teórico. Sólo pregunta sobre creencias o valores, sobre qué piensan. Las respuestas sólo hacen sentir escépticos a los entrevistadores.

Ejemplo: *¿Qué piensa usted sobre...?*

El adivinador de la suerte. Sólo formula preguntas hipotéticas.

Ejemplo: *¿Qué haría usted si...?*

El vendedor de ideas. Sólo pregunta sobre puntos de vista que reflejan sus propias ideas.

Ejemplo: *¿No cree usted que ese es el mejor camino para hacerlo?*

Desde ya que los autores mencionados piensan que la entrevista por competencias soluciona estos problemas.

Las competencias y el proceso de selección

Al plantearnos la selección por competencias, más aún si estamos seleccionando personas jóvenes, debemos definir, además de las competencias necesarias, aquellas otras que puedan ser guías o referencias para adquirir nuevas competencias.

La autora francesa Claude Levy-Leboyer[7] hace un resumen del tema que podemos utilizar como guía.

- Analizar los perfiles en función de las competencias.
- Elaborar los informes de candidatos finalistas en relación con las competencias definidas.
- Definir competencias necesarias para adquirir nuevas competencias.
- Hacer un diagnóstico de aquellas competencias que se pueden desarrollar.
- Eliminar parámetros inútiles en la prisa por tomar una decisión.
- Describir los perfiles de la forma más confiable y realista para informar a los candidatos.
- Elaborar casos situacionales y tests de situación pertinentes.
- Planificar la movilidad teniendo en cuenta las necesidades de desarrollo y las experiencias de formación.

Es importante tener en cuenta que las competencias son recursos estratégicos que permiten evaluar la gestión de los recursos humanos.[8]

Niveles

Incluiremos aquí listas de competencias aplicables a tres niveles de cargos de los cinco más usuales. Para los intermedios, el lector hará las adaptaciones necesarias.

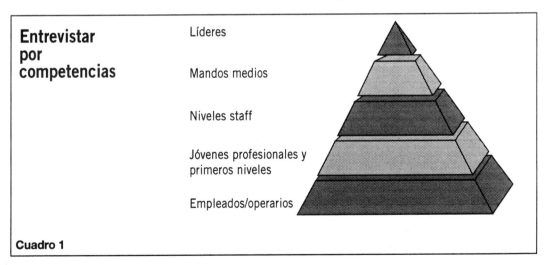

Cuadro 1

---

7. y 8. Levy-Leboyer, Claude, obra citada.

De los siguientes tres capítulos, el 18 está dedicado a los jóvenes profesionales o niveles iniciales; el 19, a los niveles intermedios; y el 20, a los niveles ejecutivos.

Si suponemos una competencia cualquiera, es posible definir cuatro niveles:

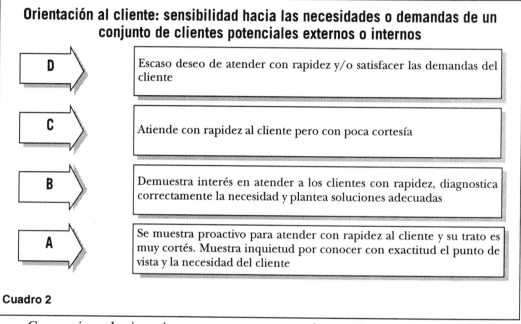

Orientación al cliente: sensibilidad hacia las necesidades o demandas de un conjunto de clientes potenciales externos o internos

D → Escaso deseo de atender con rapidez y/o satisfacer las demandas del cliente

C → Atiende con rapidez al cliente pero con poca cortesía

B → Demuestra interés en atender a los clientes con rapidez, diagnostica correctamente la necesidad y plantea soluciones adecuadas

A → Se muestra proactivo para atender con rapidez al cliente y su trato es muy cortés. Muestra inquietud por conocer con exactitud el punto de vista y la necesidad del cliente

Cuadro 2

Como ejemplo, imaginemos tres esquemas de perfiles por competencias de tres niveles diferentes. Como es sólo un ejemplo, hemos consignado las mismas competencias con diferente grado de valoración.

Perfil: jóvenes profesionales				
COMPETENCIAS	**A**	**B**	**C**	**D**
Iniciativa-autonomía	X			
Dinamismo-energía	X			
Responsabilidad	X			
Orientación al cliente	X			
Capacidad de aprendizaje	X			
Productividad	X			

Las competencias mencionadas son sólo ejemplos.
Las letras A a D indican mayor o menor grado de cumplimiento.

Cuadro 3

Perfil: analista de marketing

COMPETENCIAS	A	B	C	D
Iniciativa-autonomía	X			
Dinamismo-energía		X		
Responsabilidad	X			
Orientación al cliente	X			
Capacidad de aprendizaje	X			
Productividad		X		

Las competencias mencionadas son sólo ejemplos.
Las letras A a D indican mayor o menor grado de cumplimiento.

Cuadro 4

Perfil: gerente de marketing

COMPETENCIAS	A	B	C	D
Iniciativa-autonomía	X			
Dinamismo-energía		X		
Responsabilidad		X		
Orientación al cliente	X			
Capacidad de aprendizaje		X		
Productividad		X		

Las competencias mencionadas son sólo ejemplos.
Las letras A a D indican mayor o menor grado de cumplimiento.

Cuadro 5

Después de entrevistar al postulante, el cuadro podría quedar, por ejemplo:

Postulante para posición gerente de marketing. Competencias evaluadas

COMPETENCIAS	A	B	C	D
Iniciativa-autonomía	X			
Dinamismo-energía		X		
Responsabilidad		X		
Orientación al cliente		X		
Capacidad de aprendizaje			X	
Productividad		X		

Las competencias mencionadas son sólo ejemplos.
Las letras A a D indican mayor o menor grado de cumplimiento.

Cuadro 6

La puntuación de las competencias del candidato se considerará según el perfil requerido para el puesto, y comparando el Cuadro 5 (ideal o requerido) con el 6 (resultado real).

¿Cómo relacionar las partes I y II de este libro?

Este es un libro sobre cómo entrevistar; para ello hemos supuesto el mayor número posible de variantes. Encontrará a partir de aquí algunas preguntas repetidas. Por ejemplo preguntas sobre trabajo en equipo, entre el Capítulo 8 de la Parte I y el 18 de la Parte II.

Pero no se trata de una mera repetición, sino de un enfoque o abordaje diferente de la misma problemática.

Una advertencia antes de continuar...

Por último, es muy importante hacer una advertencia. Para elaborar este libro definimos un diccionario teórico de competencias, por lo tanto, no quiere decir que sean *todas* las posibles ni que una determinada empresa deba necesariamente coincidir con ellas, ni con la competencia en sí misma ni con la definición que nosotros dimos de ella. Es cierto, por otro lado, que hemos tratado de hacer una definición de competencias aplicables a muchas empresas, ya que para escribirlas primero relevamos un número importante de empresas y nos nutrimos de sus significados.

En síntesis, no se incluyen aquí todas las competencias posibles, ni necesariamente todas las empresas coincidirán con ellas. La selección se basa en un extenso relevamiento, pero cada firma deberá definir las competencias que desea y cómo ejecutar luego todo el proceso. También puede ser importante **determinar las competencias dominantes** para focalizar sobre ellas las preguntas al entrevistar. ¿Qué entendemos por competencias dominantes? Aquellas que cada empresa considere como las imprescindibles o más significativas. Quizá los capítulos siguientes puedan ser de ayuda, pero tenga en cuenta que tienen solamente el propósito de presentar las preguntas asociadas a las competencias. Aquellas empresas que no trabajen bajo un modelo de competencias y/o no deseen hacerlo, pueden utilizar de todos modos este esquema de trabajo a la hora de seleccionar tomando aquellas competencias que les interesen.

Como cierre de este capítulo me gustaría citar a una autora francesa que sintetiza mi pensamiento sobre el tema: Nadine Jolis[9] dice que no debemos darles a las competencias un valor absoluto sino relativo, sin esperar que se transformen en una herramienta milagrosa que mejore, corrija y torne eficientes las otras herramientas de recursos humanos.

---

9. Jolis, Nadine, *Compétences et compétitivité. La juste alliance,* Les éditions d'organisation, París, 1998.

CAPÍTULO 18

ENTREVISTAR POR COMPETENCIAS
JÓVENES PROFESIONALES SIN EXPERIENCIA LABORAL

106 PREGUNTAS
PARA NIVELES INICIALES

En este capítulo enunciaremos un conjunto de competencias y le daremos una breve definición de cada una. A partir de allí indicaremos preguntas modelo que usted podrá utilizar para evaluar las competencias en función –a su vez– de la definición dada. Nuestro glosario de competencias para jóvenes profesionales es el siguiente:

- Iniciativa - Autonomía
- Dinamismo - Energía
- Responsabilidad
- Orientación al cliente interno y externo
- Capacidad de aprendizaje
- Productividad
- Alta adaptabilidad - Flexibilidad
- Liderazgo
- *Team work* (Trabajo en equipo)
- Tolerancia a la presión
- Modalidades de contacto
- Habilidad analítica
- Expectativas de desarrollo profesional (si bien no es una competencia debe ser tratada en este nivel)
- Motivaciones frente al nuevo cargo (si bien no es una competencia debe ser tratada en este nivel)

> *Iniciativa - Autonomía:* ejecutividad rápida ante las pequeñas dificultades o problemas que surgen en el día a día de la actividad. Supone actuar proactivamente cuando ocurren desviaciones o dificultades, sin esperar a efectuar todas las consultas a la línea jerárquica, con lo cual se evita el agravamiento de problemas menores.
> Implica también la capacidad de proponer mejoras, aunque no haya un problema concreto que deba ser solucionado.

Preguntas asociadas

1. ¿Qué elementos tomó en consideración para elegir la Universidad ....?
2. ¿Qué aspectos consideró para elegir graduarse en................................? ¿Piensa que hizo una correcta elección?
3. ¿Cuáles de sus años de estudiante fueron más difíciles? ¿Cuáles fueron los problemas que tuvo que enfrentar durante los cursos? ¿Cómo se presentaron estos problemas? ¿Qué hizo para resolverlos?
4. ¿Qué lo decidió a tomar su primer empleo? ¿Qué elementos lo ayudaron a decidirse por ese empleo y no por otro?
5. ¿Qué hace cuando tiene dificultades para resolver un problema en el trabajo?
6. ¿Qué ha hecho en sus trabajos actuales o pasados para que fuesen más efectivos o más gratificantes?
7. Deme un ejemplo de alguna idea nueva o sugerencia que le haya propuesto a su superior en los últimos seis meses.
8. ¿Cuál ha sido el trabajo o la asignación universitaria más interesante para usted? ¿Por qué lo considera el más interesante? ¿Cómo se manejó con él?
9. ¿Cuál es el trabajo o la asignación universitaria más aburrido que ha tenido? ¿Cómo se manejó?
10. ¿Por qué desea trabajar aquí?
11. ¿Qué otras actividades lo han preparado para trabajar en esta compañía además de los estudios?

12. ¿Cuáles son sus objetivos profesionales inmediatos? ¿Qué tipo de trabajo le agradaría obtener ahora para alcanzarlos?
13. Cuénteme sobre sus objetivos profesionales a largo plazo. ¿Qué planes ha realizado para poder lograr dichos objetivos?
14. ¿Qué proyectos o ideas fueron aplicados satisfactoriamente en su trabajo o durante sus estudios gracias a usted?
15. ¿En qué ocasiones de su trabajo actual siente que tiene que consultar a su jefe antes de actuar?

> *Dinamismo - Energía:* se trata de la habilidad para trabajar duro en situaciones cambiantes o alternativas, con interlocutores muy diversos, que cambian en cortos espacios de tiempo, en jornadas de trabajo prolongadas, sin que por esto se vea afectado su nivel de actividad.

Preguntas asociadas

1. Deme un ejemplo de alguna tarea especial en el trabajo o en la universidad que le haya demandado un esfuerzo importante por un largo período de tiempo. ¿Cómo la emprendió? ¿Cuál fue el resultado?
2. Hábleme de alguna ocasión en su trabajo o en sus estudios en que ciertos hechos imprevistos lo hayan obligado a redistribuir su tiempo. ¿Qué elementos tomó en cuenta para organizarse?
3. ¿Cómo se desarrolla un típico día laboral?
4. ¿En qué situaciones laborales ha sentido la necesidad de dejar una tarea sin resolver? Cuénteme más sobre ello.
5. ¿Cuántas tareas puede emprender al mismo tiempo? Comente un ejemplo en su último trabajo, donde haya estado comprometido con varios proyectos a la vez.

> *Responsabilidad:* asociada al compromiso con las tareas encaradas, puede relacionarse con el grado de dedicación que el joven candidato mantuvo durante su carrera universitaria Su desempeño académico puede ser un indicador valioso. Si el postulante posee experiencia laboral es un factor a considerar contrastado con el promedio universitario y tomando en consideración la seriedad con la que asumió su trabajo.

Preguntas asociadas

1. ¿En cuánto tiempo cursó la carrera? ¿Trabajaba mientras estudiaba?
2. (Sí/no) ¿Por qué?
3. (Si estudiaba y trabajaba) ¿Qué tipo de trabajo? ¿Con qué horario? ¿Qué dificultades le provocó trabajar y estudiar al mismo tiempo? ¿Cuál fue la más importante? ¿Le dio prioridad a .... (trabajo o estudio)?
4. ¿Desarrollaba alguna actividad extracurricular en la universidad? ¿De qué tipo? ¿A qué se dedicaba durante las vacaciones?
5. ¿Cómo le fue con sus calificaciones? ¿Por qué?
6. ¿Cuáles fueron sus materias favoritas en la universidad? ¿Por qué?
7. ¿Cuáles fueron las materias que mayores dificultades le presentaron en la facultad? ¿Cómo resolvió esas dificultades?
8. Describa las tres mayores responsabilidades de su último trabajo.
9. ¿Qué aprendió de sus primeros trabajos? ¿Por qué? Cuénteme alguna experiencia memorable de su trabajo anterior.
10. ¿De qué logros se siente orgulloso en su trabajo actual?
11. ¿Qué planes futuros de estudios tiene? ¿Cómo se relacionan con su trabajo actual y con el puesto al que se está postulando?

> *Orientación al cliente interno y externo:* demostrar sensibilidad por las necesidades o exigencias que un conjunto de clientes potenciales externos o internos pueden requerir en el presente o en el futuro. No se trata tanto de una conducta concreta frente a un cliente real como de una actitud permanente de contar con las necesidades del cliente para incorporar este conocimiento a la forma específica de plantear la actividad. Se la diferencia de "atención al cliente", que tiene más que ver con atender las necesidades de un cliente real y concreto en la interacción.

Preguntas asociadas

1. Defina el concepto de atención al cliente.
2. ¿Tuvo que interactuar con clientes en su último trabajo? Coménteme un episodio en el que siente que pudo brindar una óptima respuesta al pedido de su cliente.
3. Describa alguna situación en que haya tenido que trabajar duro para satisfacer el pedido de un cliente. ¿Qué ocurrió?
4. ¿Tenía que responder pedidos de otros sectores en su anterior empleo? Describa alguno que haya sido difícil de responder. ¿Por qué? ¿Cómo lo resolvió?
5. ¿Qué ha hecho para construir relaciones positivas con los clientes con los que interactúa en su trabajo?
6. ¿Alguna vez ha tenido una sensación de impaciencia y frustración tratando con clientes? ¿Cómo la ha manejado?

> *Capacidad de aprendizaje:* está asociada a la asimilación de nueva información y su aplicación eficaz. Se relaciona con la incorporación al repertorio conductual de nuevos esquemas o modelos cognitivos y nuevas formas de interpretar la realidad o de ver las cosas.

Preguntas asociadas

1. Cuénteme sobre los aprendizajes más rápidos que ha tenido en su vida.
2. ¿Qué materia le resultó más fácil?
3. ¿Cuál ha sido la asignatura o la materia que le ha costado aprender en su vida profesional? ¿Qué aprendió de sus errores en las aulas?
4. Describa alguna situación laboral en la que le haya costado aprender algo. ¿En dónde residía la dificultad?
5. ¿Cómo se mantiene informado de los cambios importantes en su campo de estudio?
6. Cuénteme alguna situación en su trabajo en la que haya tenido que cambiar algo que ya creía aprendido.
7. ¿Cuáles fueron los mayores problemas a los que tuvo que adaptarse en su primer trabajo?
8. ¿En qué áreas o temas necesitaría un entrenamiento adicional?

> *Productividad:* habilidad de fijar para sí mismo objetivos de desempeño por encima de lo normal, alcanzándolos exitosamente.

Preguntas asociadas

1. Mencione alguna situación en su trabajo o en la universidad en que su desempeño haya sido más alto que el promedio. ¿Con qué parámetros mide usted que fue superior al promedio?
2. ¿Alguna vez sintió que no le gustó su desempeño en una tarea?
3. ¿Qué hizo para corregirlo?

4. ¿Cuáles son las tareas que le disgustan? ¿Cómo las enfoca?
5. Describa algún episodio laboral que haya representado un auténtico desafío para usted. ¿En qué fue diferente su enfoque?
6. Describa alguna asignación en el trabajo o la universidad en donde haya hecho más de lo pedido.
7. Describa alguna tarea en la que haya trabajado lo más que pudo y experimentó que había alcanzado un logro importante.
8. En su posición actual, ¿qué definiría como un buen trabajo? ¿Qué criterios utiliza para medir cuándo su trabajo está bien hecho y cuándo no?

> *Alta adaptabilidad - Flexibilidad:* hace referencia a la capacidad de modificar la conducta personal para alcanzar determinados objetivos cuando surgen dificultades, nuevos datos o cambios en el medio.
>
> Se asocia a la versatilidad del comportamiento para adaptarse a distintos contextos, situaciones, medios y personas en forma rápida y adecuada. La *flexibilidad* está más asociada a la versatilidad cognitiva, a la capacidad para cambiar convicciones y formas de interpretar la realidad. También está vinculada estrechamente a la capacidad para la revisión crítica.

Preguntas asociadas

1. ¿Tuvo que hacerse cargo alguna vez de una tarea que no era la usual en la rutina de su trabajo o de su estudio? ¿Qué hizo?
2. ¿Tuvo oportunidad de cambiar su grupo habitual de estudio para alguna tarea escolar? ¿Cómo se adaptó al cambio?
3. ¿Tuvo oportunidad de trabajar o estudiar en el exterior o en una cultura muy distinta de la suya? ¿Cómo manejó la situación?
4. Cuénteme de una nueva asignación a la que había que responder de inmediato cuando estaba muy involucrado en alguna otra tarea. ¿Cómo resolvió el problema?
5. ¿Hizo algún pasaje por otro sector en su anterior empleo? ¿Quién decidió el cambio? ¿Le resultó beneficioso el cambio a otro sector? ¿Cómo hizo para adaptarse?

6. En ocasiones, las formas de actuación que eran buenas en una situación dada dejan de serlo en otra. ¿Le ocurrió eso alguna vez? ¿En qué situación y qué aprendió de eso?
7. ¿Cómo considera la posibilidad de hacer entrenamiento en subsidiarias de esta compañía fuera del país?
8. ¿Le interesa viajar?
9. ¿Le interesa comenzar a trabajar como *trainee* durante al menos los primeros seis meses en esta organización?
10. ¿Cuál fue el cambio más significativo que se produjo en su organización en los últimos seis meses? ¿Qué rutinas propias tuvo que cambiar para adaptarse?

> *Liderazgo:* acotando el concepto al liderazgo de grupos, es la habilidad necesaria para orientar la acción de los grupos humanos en una dirección determinada, inspirando valores de acción y anticipando escenarios de desarrollo de la acción de ese grupo. La habilidad para fijar objetivos, el seguimiento de dichos objetivos y la capacidad de dar *feedback*, integrando las opiniones de los otros.

Preguntas asociadas

1. ¿Tuvo que hacerse cargo de algún grupo en su trabajo actual, en la universidad o en el club? ¿Cuándo? Describa la situación.
2. Ante una tarea compleja asignada al grupo al que usted coordinaba en su (último) trabajo, ¿cómo logró que todos respondieran?
3. ¿Le tocó alguna vez alguien difícil de manejar? ¿Cómo resolvió ese problema?
4. ¿Cómo se ve teniendo gente a cargo? ¿Alguna vez ha percibido que tenía impacto sobre la gente con la que trabaja?
5. En los deportes que ha practicado, ¿le ha tocado asumir un papel de liderazgo en la coordinación de su equipo? ¿Qué ha aprendido de esa experiencia?
6. Cuénteme sobre alguna situación en la que su supervisor estuviese ausente por un tiempo y usted haya tenido que hacerse cargo del equipo de trabajo. ¿Qué posición ocupó respecto de sus pares? ¿Cuál fue el resultado?
7. Describa a su jefe ideal.

> **Team work** *(trabajo en equipo):* es la habilidad para participar activamente hacia una meta común, incluso cuando la colaboración conduce a una meta que no está directamente relacionada con el interés personal. Supone facilidad para la relación interpersonal y capacidad para comprender la repercusión de las propias acciones en el éxito de las acciones del equipo.

Preguntas asociadas

1. Cuénteme alguna tarea que haya tenido que hacer en grupo en su actual empleo o en la facultad. ¿Cuál era el resultado esperado? ¿Cuál fue su aporte a la tarea?
2. ¿Puede recordar alguna ocasión en que haya motivado eficazmente a amigos o a compañeros de trabajo para alcanzar una meta difícil?
3. ¿Cuándo mejora su rendimiento: en asignaciones individuales o grupales? Deme ejemplos.
4. Cuando trabaja con personas nuevas para usted, ¿cómo hace para entender su punto de vista y coordinar esfuerzos? Por favor cuénteme cómo logró integrarse a su actual equipo de trabajo.
5. Describa un logro importante laboral que haya obtenido siendo miembro de un equipo.
6. ¿Cuáles son los aspectos que usted más valoriza cuando trabaja en equipo? ¿Con qué grupos se ha sentido más cómodo y ha rendido mejor?

> *Tolerancia a la presión:* se trata de la habilidad para seguir actuando con eficacia en situaciones de presión de tiempo y de desacuerdo, oposición y diversidad. Es la capacidad para responder y trabajar con alto desempeño en situaciones de mucha exigencia.

Preguntas asociadas

1. Describa la situación laboral o académica más tensa que haya debido resolver. ¿Cómo procedió para resolverla?

2. ¿Recuerda alguna situación en su último trabajo en la que haya tenido que resistir una presión del medio muy fuerte y prolongada?
3. Cuando tiene presiones de estudio o de trabajo importantes y los problemas se amontonan, ¿qué hace para resolverlo?
4. Si le asignan una tarea abrumadora, con límites específicos de tiempo, ¿cómo planea su estrategia para cumplir el plazo?
5. Cuénteme de alguna experiencia laboral en donde haya trabajado dentro de límites muy estrictos de tiempo. ¿Cómo calificaría su desempeño en esas condiciones?
6. Reláteme alguna experiencia en la que haya tenido que sobrellevar una situación de gran estrés en su lugar de trabajo. ¿Qué estrategias utilizó para superarla?
7. ¿Cuáles de las actuales condiciones de su trabajo son las más frustrantes para usted?
8. ¿En qué condiciones laborales usted trabaja más eficazmente?

> *Modalidades de contacto* (tipo de vínculo, nivel de vocabulario, lenguaje verbal y no verbal, persuasión, comunicación oral, impacto): la comunicación verbal y la no verbal son competencias que pueden ser evaluadas a lo largo de la entrevista. La comunicación verbal, prestando especial atención a la fluidez verbal, la riqueza de vocabulario, la expresividad, la precisión de la comunicación, la capacidad para expresar sentimientos, la originalidad de discurso.
>
> La comunicación no verbal, a través de la mirada, la forma de saludar y dar la mano, la expresividad facial, la sonrisa, el tono, volumen y timbre de voz, la gesticulación.

Aun así se puede evaluar la comunicación verbal a través de algunas preguntas.

Preguntas asociadas

1. ¿Recuerda algún momento en que haya sido muy importante para usted saber transmitir sus ideas y/o sentimientos?
2. ¿Cuál es el problema más difícil de comunicación que usted ha notado en su último trabajo?

3. ¿Ha tenido que hacer presentaciones orales en su actual empleo? ¿Ante qué tipo de auditorio? ¿Qué clase de elementos ha usado en sus presentaciones?
4. ¿Recuerda haber tenido que convencer verbalmente a otra persona de la validez de un enfoque o una idea en un ámbito laboral? ¿Cómo se desarrolló esta experiencia?
5. ¿Cómo supera las objeciones a sus ideas hechas por su superior o sus compañeros?
6. ¿Hay situaciones que se adaptan mejor a la comunicación escrita? ¿Qué tipo de materiales ha redactado? Deme algún ejemplo de un informe escrito complejo que haya tenido que preparar. ¿Qué lo hacía complejo?
7. ¿Cuánto de sus tareas actuales implica escuchar y comprender necesidades de otros sectores?

> *Habilidad analítica* (análisis de prioridad, criterio lógico, sentido común): esta competencia tiene que ver con el tipo y alcance de razonamiento y la forma en que un candidato organiza cognitivamente el trabajo. Es la capacidad general que tiene una persona para realizar un análisis lógico. La capacidad de identificar los problemas, reconocer la información significativa, buscar y coordinar los datos relevantes. Se puede incluir aquí la habilidad para analizar, organizar y presentar datos financieros y estadísticos y para establecer conexiones relevantes entre datos numéricos.

Preguntas asociadas

1. Conseguir la resolución de una asignación implica recoger información y datos de otros. ¿Cómo lo hace usted? Deme ejemplos de una asignación donde haya tenido que recurrir a diversas fuentes para obtener información.
2. ¿Qué tipo de informes debe redactar en su trabajo actual? ¿Qué tipo de variables considera para realizar estos informes?
3. ¿Recuerda alguna situación problemática particularmente compleja en su último trabajo que haya tenido que solucionar recientemente? ¿Cuáles eran

los elementos principales del problema que usted identificó? ¿Cómo resolvió la situación?
4. Cuénteme una decisión importante que haya tenido que tomar recientemente en el área laboral. ¿Cuál era la situación? ¿Por qué escogió esa alternativa?
5. Brinde dos ejemplos de dos buenas decisiones y de dos malas decisiones que haya tomado en su último trabajo. ¿Cuáles fueron las razones para tomar esas decisiones?
6. ¿Cómo ve usted las posiciones de Brasil y de Argentina en el Mercosur?

Expectativas de desarrollo profesional

1. ¿Por qué quiere ingresar en ....?
2. ¿Qué posición desearía alcanzar más adelante en ....?
3. ¿Qué imagina estar haciendo dentro de tres años? ¿Cómo se está preparando actualmente para eso?
4. ¿En qué departamentos o áreas podría realizar un mejor aporte a nuestra organización?

Motivaciones frente al nuevo cargo

1. ¿Cuál/cuáles son las razones que lo inducirían a aceptar este puesto?
2. ¿Qué elementos consideraría para un cambio (en el caso de que esté trabajando)? ¿Y en qué orden de importancia?
3. ¿Cuáles son sus insatisfacciones en el empleo actual y qué le gustaría cambiar para su próximo trabajo?
4. En caso de una respuesta a un anuncio, indagar si está en una búsqueda intensa o contestó sólo porque le interesó algo en particular.
5. ¿En cuántas búsquedas está participando? ¿Para qué cargos? ¿Qué expectativas tiene respecto de cada una de ellas?

CAPÍTULO 19

ENTREVISTAR POR COMPETENCIAS
PERSONAS CON EXPERIENCIA E HISTORIA LABORAL

171 PREGUNTAS
PARA NIVELES INTERMEDIOS

Este es un glosario de competencias confeccionado al solo efecto de ejemplificar las preguntas. El diccionario de competencias y sus definiciones surgen como producto de una investigación de las más frecuentemente utilizadas para niveles de gerencia media.

- Iniciativa - Autonomía - Sencillez
- Dinamismo - Energía
- *Empowerment*
- Orientación al cliente interno y externo
- Alta adaptabilidad - Flexibilidad
- Liderazgo
- Modalidades de contacto
- Colaboración
- Competencia - Capacidad
- Franqueza - Confiabilidad - Integridad
- Nivel de compromiso - Disciplina personal - Productividad
- Habilidad analítica
- Expectativa de desarrollo profesional (si bien no es una competencia debe ser tratada en este nivel)
- Motivación para el cambio (si bien no es una competencia debe ser tratada en este nivel).

> ***Iniciativa - Autonomía - Sencillez:*** ejecutividad rápida ante las pequeñas dificultades o problemas que surgen en el día a día de la actividad. Supone responder de manera proactiva a las desviaciones o dificultades, sin esperar a efectuar todas las consultas en la línea jerárquica, evitando así el agravamiento de problemas de importancia menor.
>
> Implica también la capacidad de proponer mejoras, sin que haya un problema concreto que deba ser solucionado. Se trata de tener capacidad para decidir, de estar orientado a la acción, y de utilizar la iniciativa y la rapidez como ventajas competitivas.
>
> Responder con rapidez asegurando una efectiva instrumentación, de forma clara y simple. Capacidad de ser flexible y de imaginar que los cambios son oportunidades. Demostrar un comportamiento decididamente orientado a la asunción de riesgos. Crear nuevos y mejores procedimientos para hacer las cosas evitando la burocracia.

Preguntas asociadas

1. Cuénteme los problemas del día a día propios de su sector y de otros sectores y cómo impactan sobre su gestión. ¿Qué hace para resolverlos desde su posición? ¿Estas soluciones fueron estandarizadas?
2. ¿Cómo toma decisiones cuando su línea de reporte está ausente o cuando exceden sus atribuciones?
3. ¿Qué hace cuando tiene dificultades para resolver un problema?
4. ¿Qué ha hecho en sus trabajos actuales o pasados para hacerlos más efectivos o más gratificantes?
5. Deme un ejemplo de alguna idea nueva que haya sugerido en su trabajo.
6. ¿Cuál ha sido el trabajo o la asignación más interesante para usted? ¿Cómo se manejó?
7. ¿Cuál es el trabajo o la asignación más aburridos que ha tenido? ¿Cómo se manejó?
8. ¿Por qué desea trabajar aquí?
9. ¿Qué nuevos objetivos se ha establecido recientemente y qué ha hecho para alcanzarlos?
10. En su última posición, ¿cuáles fueron sus logros más significativos?

11. ¿Qué proyectos o ideas fueron vendidos, instrumentados o llevados a cabo fundamentalmente gracias a usted?
12. Cuénteme sobre alguna ocasión en que haya propuesto una mejora en un procedimiento. ¿Cómo fue? ¿Cómo la ejecutó? ¿Cuáles fueron los resultados?
13. Cuénteme sobre alguna idea nueva en el método de trabajo. ¿Cómo la propuso? ¿Qué resultados tuvo?
14. ¿Qué elementos consideró para cambiar de organización? ¿Cómo y cuándo decidió cambiar de cargo? ¿Qué efectos tuvo esto en su carrera?
15. ¿Qué espera obtener de su carrera? ¿Cuáles son sus objetivos profesionales actuales y futuros? ¿En qué plazo se propone lograrlos?
16. ¿Qué hace cuando una decisión debe ser tomada y no existe ningún procedimiento al respecto?
17. ¿Cuántos proyectos ha iniciado usted en el último año?
18. Cuénteme un ejemplo de un proyecto o idea que usted haya llevado a cabo a pesar de limitaciones u oposición de algunos miembros de su organización. ¿De qué se trataba el proyecto? ¿Qué estrategia utilizó con los opositores?
19. ¿De dónde provienen sus asignaciones de trabajo? ¿Usted genera alguna de sus propias asignaciones? Deme algunos ejemplos.

> *Dinamismo - Energía:* se trata de la habilidad para trabajar duro en situaciones cambiantes o alternativas, con interlocutores muy diversos, que cambian en cortos espacios de tiempo, en jornadas de trabajo prolongadas, sin que por esto se vea afectado su nivel de actividad.

Preguntas asociadas

1. Deme un ejemplo de alguna tarea especial en el trabajo que le haya demandado un esfuerzo importante por un largo período. ¿Cómo la emprendió? ¿Cuál fue el resultado?
2. Hábleme de alguna ocasión en que ciertos hechos imprevistos lo hayan obligado a redistribuir su tiempo. ¿Qué elementos tomó en cuenta para organizarse?
3. Describa una jornada de trabajo el día previo al cierre de una operación importante (ejemplos: un balance, un vencimiento de impuestos, un cierre de

campaña publicitaria, la apertura de una sucursal, una nueva línea de producción, etc., según la actividad de su entrevistado). ¿Cómo se organiza?
4. Relate alguna situación en la que su escenario habitual haya cambiado drásticamente (nuevos interlocutores, marco geográfico desconocido, cambio de horario, etc.).
5. ¿Cómo es su jornada habitual?
6. Describa una jornada extenuante para usted. Ese día en particular usted llegó a un punto de agotamiento, sabiendo que faltaba tarea por realizar. ¿Cómo manejó esa situación? ¿Cuáles fueron los resultados de la estrategia utilizada?
7. ¿Cómo maneja o manejó el tiempo que le demanda el estudio de un *master* o posgrado en función de su trabajo?
8. ¿Cómo maneja la transición de un período de descanso a la situación de trabajo?
9. ¿Cuánto tiempo extra ha trabajado recientemente? ¿Por qué?
10. ¿Qué hace en su tiempo libre?
11. ¿Cuándo tiende a sumergirse en los problemas laborales más arduos? ¿En la mañana, en la tarde o por la noche?
12. ¿Cuántas tareas le gusta abordar a la vez?

Empowerment: establece claros objetivos de desempeño y las correspondientes responsabilidades personales. Proporciona dirección y define responsabilidades. Aprovecha claramente la diversidad (heterogeneidad) de los miembros del equipo para lograr un valor añadido superior para el negocio. Combina adecuadamente situaciones, personas y tiempos. Tiene adecuada integración al equipo de trabajo. Comparte las consecuencias de los resultados con todos los involucrados. Emprende acciones eficaces para mejorar el talento y las capacidades de los demás.

Preguntas asociadas

1. ¿Cuenta con un plan de desarrollo de carrera para sus colaboradores? ¿Cómo lo aplicó? ¿Con qué resultados?

2. ¿Cómo está compuesto su equipo de trabajo? Describa las características de sus colaboradores. Descríbase usted mismo como conductor del grupo.
3. ¿En qué condiciones estaba su equipo antes de que usted lo gerenciara? ¿Cómo está ahora? ¿Qué tipo de acciones llevó a cabo para que su equipo mejorase su desempeño?
4. ¿Qué grado de protagonismo tuvo usted en el cambio o desarrollo de su grupo?
5. Describa una situación donde haya tenido que incorporar un colaborador o un miembro de un equipo. ¿Qué tuvo en cuenta para ingresarlo a su grupo? ¿Está actualmente en el equipo?
6. ¿Qué nivel de decisiones delega en sus colaboradores? ¿Qué no delega?
7. ¿Qué consignas les transfiere a sus colaboradores para la toma de decisiones? ¿Cómo las transmite?
8. ¿Usted establece un rango de jerarquía para la toma de decisiones? ¿Cómo pone en práctica esto en su grupo?
9. Descríbame una situación en la que un colaborador haya tomado una decisión de acuerdo con sus lineamientos, y tuvo un impacto negativo en los resultados.
10. Reláteme cómo reaccionó cuando, en su ausencia, un colaborador tomó decisiones más allá de sus atribuciones. Si el resultado fue negativo, ¿qué hizo usted?
11. ¿En quién y por qué delega sus responsabilidades en un período de ausencia?
12. ¿Cómo identifica un talento? ¿Cómo identifica las necesidades de sus colaboradores?
13. ¿Algún colaborador suyo ocupa hoy una posición jerárquica superior?
14. Suponga que usted es promovido mañana, ¿tiene alguien de su equipo que lo reemplace?
15. ¿Cuáles son los métodos que ha encontrado más útiles para el desarrollo de sus colaboradores?
16. ¿Alguien más conoce cómo funciona su área o departamento en su organización?
17. ¿Cómo maneja usted los reclamos de colaboradores? ¿Y de sus jefes?

> ***Orientación al cliente interno y externo:*** demostrar sensibilidad por las necesidades o exigencias que un conjunto de clientes potenciales externos o internos pueden requerir en el presente o en el futuro. No se trata tanto de una conducta concreta frente a un cliente real como de una actitud permanente de contar con las necesidades del cliente para incorporar este conocimiento a la forma específica de plantear la actividad. Se la diferencia de "atención al cliente", que tiene más que ver con atender las necesidades de un cliente real y concreto en la interacción.
>
> Conceder la más alta calidad a la satisfacción del cliente. Escucharlo. Generar soluciones para satisfacer las necesidades de los clientes. Estar comprometido con la calidad esforzándose por una mejora continua.

Preguntas asociadas

1. Defina el concepto de atención al cliente.
2. Defina quiénes son sus clientes. ¿De qué forma releva sus necesidades?
3. Describa alguna situación en que haya tenido que trabajar duro para satisfacer el pedido de un cliente. ¿Qué ocurrió? ¿Cómo lo hizo? ¿Qué aprendió de eso?
4. ¿Tiene que responder pedidos de otros sectores en su empleo? Describa alguno que haya sido difícil de complacer. ¿Por qué? ¿Cómo lo resolvió?
5. ¿Qué relación tiene su departamento con otros sectores? ¿Con qué áreas interacciona en su tarea habitual?
6. ¿Qué impacto tienen en las otras áreas las deficiencias que se generan en su sector?
7. Cuénteme un caso donde las necesidades de un cliente externo no pudieron ser solucionadas por los procedimientos habituales de la compañía. ¿Qué hizo usted?
8. ¿Qué cambiaría de la política actual de procedimiento de atención al cliente?
9. ¿Cómo responde al sentido de urgencia de las demandas de los clientes?
10. ¿Cuál fue el último cliente que perdió? ¿Por qué razón? ¿Qué soluciones pudieron haberse aplicado y no se implementaron? ¿Pudo preverlo?

11. ¿Qué procedimientos utiliza para evaluar satisfacción del cliente con respecto a los servicios prestados?
12. Describa alguna mejora que haya tenido que practicar por una insatisfacción particular de un cliente. ¿Qué implicó esta mejora?
13. ¿Qué hace usted para mejorar la calidad de los proyectos a su cargo? Deme un ejemplo de un proyecto donde usted sintió que su equipo llegó a los estándares de calidad deseados. ¿Qué función tuvo usted en eso?
14. ¿Qué mejoras ha propuesto en los procedimientos administrativos y circuitos de información, que hayan mejorado los estándares de calidad de su departamento?
15. ¿Cómo maneja las objeciones y reclamos de otras áreas?
16. Cuénteme de algún trabajo en el que su departamento o equipo a su cargo haya superado las expectativas de un cliente.

> *Alta adaptabilidad - Flexibilidad:* hace referencia a la capacidad de modificar la conducta personal para alcanzar determinados objetivos cuando surgen dificultades, nuevos datos o cambios en el medio.
> Se asocia a la versatilidad del comportamiento para adaptarse a distintos contextos, situaciones, medios y personas en forma rápida y adecuada. La *flexibilidad* está más asociada a la versatilidad cognitiva, a la capacidad para cambiar convicciones y formas de interpretar la realidad. También está vinculada estrechamente con la capacidad para la revisión crítica.

Preguntas asociadas

1. ¿Tuvo que hacerse cargo alguna vez de una tarea que no era la usual en la rutina de su trabajo? ¿Qué hizo?
2. Cuénteme sobre una nueva asignación a la que había que responder de inmediato cuando estaba muy involucrado en alguna otra tarea. ¿Cómo resolvió el problema?

3. ¿Hizo algún pasaje por otro sector o por la casa matriz en su último o actual empleo? ¿Quién decidió el cambio? ¿Fue algo impulsado por usted o por la organización? ¿Cómo se manejó en las otras áreas?
4. Cuénteme sobre una situación en la que haya tenido que asumir nuevas tareas.
5. ¿Alguna vez tuvo que hacerse cargo por un tiempo de un área que no era la suya? ¿Cómo se manejó?
6. ¿Qué diferencias percibe entre su anterior empleo y el actual? ¿Qué diferencias hay entre la cultura actual y la anterior? ¿Cómo se adaptó a este cambio?
7. ¿Cómo se actualiza en lo profesional? Cuénteme de algo nuevo que haya tenido que aprender recientemente.
8. Cuénteme de algún nuevo software que se haya incorporado en la empresa y que usted y su equipo hayan tenido que aprender a usar rápidamente.
9. ¿Qué cambios tuvo que hacer en su forma de trabajar en relación con nuevos requerimientos de los clientes? ¿Cómo los concretó?
10. En ocasiones, las formas de actuación que eran buenas en una situación dada, dejan de serlo en otra. ¿Le ocurrió eso alguna vez? ¿En qué situación y qué aprendió de eso?
11. ¿Cómo hace para superar los obstáculos que le impiden completar sus proyectos laborales más importantes?
12. ¿Qué tareas manejó en su último trabajo que no estaban originalmente en la descripción de su puesto? ¿Cómo se sintió al respecto?
13. ¿Alguna vez se topó con una caída del sistema? ¿Cómo lo manejó?
14. ¿Cuál fue el cambio más significativo hecho en su organización en los últimos seis meses que lo haya afectado directamente? ¿Cuán exitosa cree que fue la ejecución de ese cambio?
15. Deme un ejemplo de una sugerencia hecha por alguno de sus colaboradores, que haya influenciado o cambiado una decisión que usted había tomado.
16. ¿Qué piensa sobre la posibilidad de traslado al interior o al exterior para avanzar en su carrera?

> *Liderazgo:* acotando el concepto al liderazgo de grupos, es la habilidad necesaria para orientar la acción de los grupos humanos en una dirección determinada, inspirando valores de acción y anticipando escenarios de desarrollo de la acción de ese grupo. La habilidad para fijar objetivos, el seguimiento de dichos objetivos y la capacidad de dar *feedback*, integrando las opiniones de los otros.
> * Establecer claramente directivas, fijar objetivos, prioridades y comunicarlos. Tener energía y transmitirla a otros. Motivar e inspirar confianza. Tener valor para defender o encarnar creencias, ideas y asociaciones. Manejar el cambio para asegurar competitividad y efectividad a largo plazo. Plantear abiertamente los conflictos para optimizar la calidad de las decisiones y la efectividad de la organización. Proveer *coaching* y *feedback* para el desarrollo de los colaboradores.

Preguntas asociadas

1. ¿Cómo motiva a su staff de colaboradores? ¿Qué métodos han probado ser para usted los de mejores resultados? ¿Por qué?
2. ¿Qué hace para incentivar el crecimiento de sus colaboradores?
3. ¿Alguna vez le tocó alguien difícil de manejar? ¿En qué contexto grupal? ¿Cómo resolvió ese problema?
4. ¿Cómo releva las demandas de sus colaboradores? ¿Qué curso les da?
5. ¿Cómo comunica los objetivos de gestión a su staff?
6. ¿Qué lo hace un buen líder?
7. Cuénteme un modelo de liderazgo que usted valore y con el que se identifique.
8. Deme un ejemplo de un logro concreto y destacado en su gestión como líder.
9. ¿Su puesto cuenta con un *back up*? ¿Cómo surgió? ¿Cómo incentiva su desarrollo?
10. Cuénteme de un programa que usted haya introducido para mejorar el ánimo en su departamento.
11. ¿Cómo hace para mantener informado a su staff sobre temas que tengan que ver con las actividades de la compañía y que puedan afectar a su sector?

12. ¿Qué procedimientos utiliza para evaluar a sus subordinados?
13. ¿Qué estrategia utiliza para conseguir que sus subordinados acepten sus ideas o los objetivos del departamento?
14. ¿Con qué frecuencia se reúne con sus colaboradores? ¿Cómo se prepara para estas reuniones? ¿Cómo las maneja? ¿Qué hace después?
15. ¿Cómo consigue reunir a aquellos a quienes no les gusta trabajar en conjunto para que logren unificar sus criterios de abordaje de las tareas?
16. ¿Alguna vez ha tenido que reprender a un subordinado? ¿Cuál era la situación? ¿Cómo la manejó?
17. ¿Alguna vez ha sentido que tenía una influencia importante en el grupo al que pertenecía? ¿Cómo lo manejó?

> *Modalidades de contacto* (tipo de vínculo, nivel de vocabulario, lenguaje verbal y no verbal, persuasión, comunicación oral, impacto): la comunicación verbal y no verbal son competencias que pueden ser evaluadas a lo largo de la entrevista. La comunicación verbal, prestando especial atención a la fluidez verbal, la riqueza de vocabulario, la expresividad, la precisión de la comunicación, la capacidad para expresar sentimientos, la originalidad del discurso.
>
> La comunicación no verbal, a través de la mirada, la forma de saludar y dar la mano, la expresividad facial, la sonrisa, el tono, volumen y timbre de voz, la gesticulación. En un concepto extendido, comunicarse incluye **saber escuchar** y posibilitar a los otros un acceso fácil a la información que se posea.

Aun así, se puede evaluar la comunicación verbal a través de algunas preguntas.

Preguntas asociadas

1. ¿Recuerda algún momento en que haya sido muy importante para usted saber transmitir sus ideas y/o sentimientos?

2. ¿Cuál es el problema más difícil de comunicación que usted ha notado?
3. ¿Recuerda haber tenido que convencer verbalmente a otra persona de la validez de un enfoque o una idea? ¿Cómo fue esta experiencia?
4. ¿Cómo supera las objeciones a sus ideas?
5. ¿Hay situaciones que se adaptan mejor a la comunicación escrita? ¿Qué tipo de materiales ha redactado? Deme ejemplos.
6. Descríbame en pocos minutos un proceso específico dentro del *focus* de su tarea. (La forma en que logre presentar un proceso a un lego, dará cuenta de sus habilidades de comunicación y presentación de ideas.)
7. Cuénteme algún ejemplo de una presentación relevante. ¿Cómo era su auditorio? ¿Cómo lo hizo? ¿Qué dificultades tuvo?
8. ¿Qué papel juega la tecnología en su estilo comunicacional?
9. ¿Cómo expresa sus sentimientos de gratitud o de disgusto en el ámbito laboral?
10. ¿Su estilo de trabajo es de puertas abiertas?
11. ¿Qué es más importante en su trabajo: la comunicación oral o la escrita? Cuénteme algún ejemplo donde haya tenido que utilizar estrategias especiales de comunicación. ¿Qué se proponía lograr? ¿Cuál fue el resultado?
12. ¿Cuáles son para usted los elementos más importantes de una presentación efectiva? ¿Qué tipo de recursos ha utilizado en una presentación?
13. Si un informe importante debe ser escrito, ¿a quién se le asigna ese trabajo en su departamento?
14. ¿Cuánto de su trabajo implica escuchar?
15. ¿Cuáles son las diferentes estrategias que usted emplea cuando habla con varios niveles organizacionales?
16. Describa su experiencia más satisfactoria o la más decepcionante cuando tuvo que presentar y ganar el apoyo del top management para una idea o una propuesta.
17. ¿Cuál fue la mejor idea que usted intentó "vender" a un superior que no fue aceptada? ¿Por qué cree que no la aprobaron? ¿Qué hizo usted?

> *Colaboración:* capacidad de trabajar en colaboración con grupos multidisciplinarios, con otras áreas de la organización u organismos externos con los que deba interactuar. Implica tener expectativas positivas respecto de los demás y comprensión interpersonal.

Preguntas asociadas

1. Cuénteme de algún proyecto donde haya tenido que trabajar con personas de otro departamento o con asesores externos.
2. ¿Cómo se siente cuando su departamento es auditado? ¿Cómo recibe a los asesores o consultores?
3. Cuénteme de una situación en la que lo hayan asignado a un área o con un jefe que no era de su agrado. ¿Cómo se desempeñó usted?
4. ¿Con qué frecuencia interactúa con gente de otros departamentos?
5. ¿Cómo responde a los requerimientos de otros departamentos?
6. Descríbame una situación especial en la que se le haya requerido suplir una ausencia o se le haya pedido que redistribuyera sus tareas.
7. ¿Sus colaboradores recurren a usted cuando necesitan ayuda?

> *Competencia - Capacidad:* implica tener amplios conocimientos de los temas del área que esté bajo su responsabilidad. Poseer la capacidad de comprender la esencia de los aspectos complejos. Demostrar capacidad para trabajar con las funciones de su mismo nivel y de niveles diferentes. Tener buena capacidad de discernimiento (juicio). Compartir con los demás el conocimiento profesional y *expertise*. Basarse en los hechos y en la razón (equilibrio). Demostrar constantemente interés en aprender.

Preguntas asociadas

1. ¿Cuánto hace que se desempeña en este puesto?
2. ¿Qué sabe Ud. de ....(método técnico o proceso que sea fundamental para el cargo) ....

....? ¿Qué experiencia ha tenido trabajando con ....……….?

3. Cuénteme sobre el método o sistema que usted utilizó o aplicó en el tema de/en el área de …....…...…….. en su último trabajo.
4. Cuénteme si alguna vez tuvo que resolver/aplicar un procedimiento que no conocía. ¿Qué hizo? ¿Cómo lo resolvió?
5. ¿Cuál es la dificultad que ha encontrado en usar …..................... (determinado sistema o procedimiento)? ¿Qué hizo cuando se presentaron dificultades en este nuevo procedimiento?
6. Usted me ha dicho que ha trabajado con .... Cuénteme los resultados que usted ha logrado.
7. Cuénteme determinado proceso y descríbame los distintos pasos de la actividad.
8. Comparado con otras personas del área que trabajan con .... (el método o procedimiento técnico), ¿cómo se posicionaría usted con respecto a ellas? ¿Por qué?
9. ¿Ha escrito o publicado artículos técnicos sobre su especialidad?
10. ¿Qué áreas lo consultan? ¿Sobre qué temas? Reláteme alguna situación en la que haya ofrecido su experiencia técnica al servicio de gente de otros departamentos.
11. ¿Participa activamente de una institución profesional/académica? ¿Qué tipo de tareas realiza allí?
12. Reláteme algún episodio en que haya tenido que cambiar conocimientos ya aprendidos. ¿Con qué resultados?
13. ¿Cómo se mantiene informado de las últimas novedades en su campo laboral? ¿Usted mismo planifica la actualización, o lo hace la empresa?
14. ¿Cómo consigue que sus colaboradores se mantengan actualizados?
15. ¿En qué áreas cree que lo beneficiaría un entrenamiento adicional?

> *Franqueza - Confiabilidad - Integridad:* ser realista y franco. Establecer relaciones basadas en el respeto mutuo y la confianza. Tener coherencia entre acciones, conductas y palabras. Asumir la responsabilidad de sus propios errores. Estar comprometido con la honestidad y la confianza en cada faceta de la conducta.

Se debe prestar especial atención a la sinceridad con que el candidato contesta.

Preguntas asociadas

1. Descríbame una situación en la que usted o su jefe no estuvieron conformes con su desempeño. ¿Cuáles fueron a su criterio las causas?
2. ¿Usted cree que sus jefes y equipo de trabajo (subordinados) lo valoran?
3. ¿Qué representan la honestidad y la confiabilidad en su escala de valores en el trabajo? Descríbame una situación en que su integridad fue puesta a prueba. ¿Qué beneficios o resultados obtuvo luego de su accionar?
4. La honestidad y la confianza, ¿son valores importantes en la organización donde usted se desempeña? ¿Cómo las premia? ¿Fue usted reconocido/premiado en alguna oportunidad?

> *Nivel de compromiso - Disciplina personal - Productividad:* apoyar e instrumentar decisiones comprometido por completo con el logro de objetivos comunes. Ser justo y compasivo aun en la toma de decisiones en situaciones difíciles. Prevenir y superar obstáculos que interfieren con el logro de los objetivos del negocio. Controlar la puesta en marcha de las acciones acordadas. Cumplir con sus compromisos. Poseer la habilidad de establecer para sí mismo objetivos de desempeño más altos que el promedio y de alcanzarlos con éxito.

Preguntas asociadas

1. Mencione alguna situación en que su desempeño haya sido más alto que el promedio. ¿Con qué parámetros mide usted que fue superior al promedio? ¿A qué atribuye su superioridad?

2. ¿Cuáles fueron los objetivos asignados el año pasado? ¿Cómo los llevó a cabo, y cuál fue el grado de cumplimiento? ¿Qué acciones concretas desarrolló para lograr ese cumplimiento?
3. Deme ejemplos de proyectos donde usted haya tenido la responsabilidad final.
4. Deme un ejemplo de un factor externo que haya influido negativamente en su tarea. ¿Cómo lo manejó?
5. ¿Qué obstáculos prevé para su área en el próximo año? ¿Cómo cree que los resolverá?
6. ¿Cómo enfoca las tareas que le disgustan?
7. Describa algún episodio laboral que haya representado un auténtico desafío para usted. ¿En qué fue diferente su enfoque?
8. Cuénteme sobre algunas metas que usted se autoimpusiera para alcanzar en su trabajo el pasado año. ¿Cómo las consiguió?
9. ¿Se trazó algún plan de carrera? ¿Qué grado de cumplimiento tuvo?
10. ¿Qué obstáculos tuvo que pasar para llegar a su posición actual?
11. ¿Puede recordar alguna experiencia en donde siente que ganó algo porque perseveró todo lo que pudo?

> *Habilidad analítica* (análisis de prioridad, criterio lógico, sentido común): esta competencia tiene que ver con el tipo y alcance de razonamiento y la forma en que un candidato organiza cognitivamente el trabajo. Es la capacidad general que tiene una persona para realizar un análisis lógico. La capacidad de identificar los problemas, reconocer la información significativa, buscar y coordinar los datos relevantes. Se puede incluir aquí la habilidad para analizar, organizar y presentar datos financieros y estadísticos y para establecer conexiones relevantes entre datos numéricos.

Preguntas asociadas

1. Conseguir la resolución de una asignación implica recoger información y datos de otros. ¿Cómo lo hace usted? Deme ejemplos.
2. ¿Recuerda alguna situación problemática que haya tenido que solucionar recientemente? ¿Qué pasó? ¿Cómo la identificó? ¿Cómo la analizó? ¿Cómo la resolvió? ¿Cómo organizó el trabajo suyo y el de sus colaboradores?

3. Cuénteme una decisión importante que haya tenido que tomar recientemente en su trabajo. ¿Cuál era la situación? ¿Por qué escogió esa alternativa?
4. Describa un desafío importante que usted haya asumido en los últimos meses. ¿Qué elementos consideró para hacer frente a la situación? ¿Cuáles de estos consideró prioritarios? ¿Cómo manejó la situación?
5. ¿Alguna vez tuvo un producto o servicio que estuviera en problemas? En caso afirmativo, ¿cuáles eran las causas del problema? ¿Qué decisiones tomó? ¿Qué consecuencias previó que podrían suscitarse al tomar esos cursos de acción? ¿Cuál fue el resultado final?
6. ¿Cómo identifica potenciales problemas en su sector?
7. Descríbame una situación compleja por la que haya atravesado su departamento en los últimos años. ¿Cómo analizó la situación? ¿Qué decisiones tuvo que tomar? ¿Cómo coordinó a su equipo de trabajo?
8. ¿Utiliza datos financieros en su trabajo? ¿Qué estadísticas presenta en sus informes?
9. ¿Usted considera que las tareas que realiza son relevantes para la organización? ¿Cuál es su grado de importancia y por qué?

> Se recomienda –además– la utilización de un ejercicio/caso para medir habilidades numéricas cuando estas sean importantes/necesarias para el puesto que se ha de cubrir.

Expectativa de desarrollo profesional

1. ¿Por qué quiere ingresar a ....?
2. ¿Qué posición desearía alcanzar más adelante en ....?
3. ¿Qué imagina estar haciendo dentro de tres años?
4. ¿Dónde podría realizar un mejor aporte a nuestra organización?

> *Motivación para el cambio*

1. ¿Cuáles serían sus motivaciones para un cambio?
2. ¿Qué elementos consideraría para un cambio? ¿En qué orden de importancia?
3. ¿Cuáles son sus insatisfacciones en el empleo actual y qué le gustaría cambiar para su próximo trabajo?
4. En caso de una respuesta a un anuncio, indagar si está en una búsqueda intensa o contestó a este porque le interesó algo en particular.
5. ¿En cuántas búsquedas está participando? ¿Qué expectativas tiene respecto de ellas?
6. ¿Alguna vez le hicieron una contraoferta (en sus empleos anteriores o en el actual) cuando usted presentó la renuncia?
7. ¿Qué lo motivó a cambiar cuando se fue de ....?

CAPÍTULO 20

ENTREVISTAR POR COMPETENCIAS
PERSONAS CON EXPERIENCIA E HISTORIA LABORAL

47 PREGUNTAS
PARA NIVELES EJECUTIVOS

En este capítulo se enuncian un conjunto de competencias que entendemos necesarias para la máxima conducción de una empresa, junto con una breve definición de cada una. A partir de allí indicaremos preguntas modelo que usted podrá utilizar para evaluar las competencias en función –a su vez– de la definición dada.

No incluimos otras que también pueden ser aplicables en este nivel pero que ya hayamos desarrollado en el capítulo anterior.

Cuando se entrevista a números uno de compañía o de área, ya sea por su nivel o porque en muchas ocasiones los mismos son convocados a través de la metodología de *head hunting*, el entrevistador adopta la posición "más de escuchar que de preguntar". Por ello es aconsejable en esta circunstancia que las preguntas que formule puedan jugar un papel disparador más que el de pregunta concreta.

Hay que tener en cuenta –además– que antes de entrevistar para un cargo de este nivel, no sólo se debe conocer el CV del candidato sino también realizar una verdadera investigación sobre el mismo, es decir conocer todo lo posible a través de competidores, colegas, cámaras donde actúe, etcétera.

> *Pensamiento estratégico:* es la habilidad para comprender rápidamente los cambios del entorno, las oportunidades del mercado, las amenazas competitivas y las fortalezas y debilidades de su propia organización a la hora de identificar la mejor respuesta estratégica. Capacidad para detectar nuevas oportunidades de negocios, comprar negocios en marcha, realizar alianzas estratégicas con clientes, proveedores o competidores. Incluye la capacidad para saber cuándo hay que abandonar un negocio o reemplazarlo por otro.

Preguntas asociadas

1. ¿Cuáles son las áreas más críticas de su organización/división que usted controla actualmente?
2. Previamente identificada la situación específica de la organización en su mercado durante el ingreso del entrevistado, solicitarle un relato sobre alguna necesidad de mercado que todavía no estaba satisfecha, que el postulante pudo prever con acierto para posicionar mejor a su organización.
3. ¿Cuáles son las oportunidades que usted ha identificado para el/los negocio/s de su organización? ¿En qué información se basó para esto? ¿Qué indicios ha considerado para identificar qué negocios había que dejar?
4. ¿Qué sucedió cuando nuevos competidores se posicionaron en su mercado con ideas innovadoras? ¿Qué amenazas pudo usted anticipar? ¿Qué acciones encaró para anular el posicionamiento de las nuevas empresas competidoras o para que tuvieran un impacto menor en el nicho de mercado de su organización?
5. ¿Cuál es su participación en el Comité Estratégico de su organización? ¿Con qué frecuencia se reúne este comité?
6. ¿Qué respuestas estratégicas evaluó y aplicó en los últimos tiempos ante los cambios que el mercado ha impuesto a su organización? ¿Cómo las aplicó? ¿Qué cambios fue necesario hacer en el diseño o en la forma de trabajar de su organización para poder hacerlas?
7. ¿Qué estrategias cambió para que su división/empresa se adaptara mejor a los nuevos requerimientos de mercado?
8. ¿Qué nuevos objetivos ha definido para su división/empresa que aumentaron la importancia de esta en la consecución de la estrategia organizacional? (para un número uno de área).

9. ¿Cuánto tiempo le dedica a la resolución de temas operativos de su división/empresa? En este contexto: ¿cuál es el espacio que usted asigna para el planeamiento? (para un número uno de área).
10. ¿Qué elementos prioriza a la hora de definir la planificación para su organización? ¿Qué problemas de su división/compañía ha previsto antes de que se convirtieran en situaciones de gravedad?
11. ¿Cuál ha sido su participación en los giros estratégicos que ha tenido su compañía? Cuénteme un cambio relevante en su organización y su participación en él.
12. ¿Cuáles son los más grandes desafíos con los que se enfrenta su organización o el área en que está inserta?

> *Liderazgo para el cambio:* es la habilidad de comunicar una visión de la estrategia de la firma, que hace que esa visión parezca no sólo posible sino también deseable para los accionistas, creando en ellos una motivación y un compromiso genuinos; actúa como *sponsor* de la innovación y los nuevos emprendimientos, consigue que la firma afecte recursos para la instrumentación de cambios frecuentes.

Preguntas asociadas

1. ¿Tuvo que liderar un cambio que rompiera con la estructura existente? ¿Cómo se dio cuenta de que el cambio era necesario? ¿Cómo administró ese proceso de transición en forma eficaz? ¿Cómo manejó la comunicación a su personal de los nuevos rumbos estratégicos que adoptó la empresa? ¿De qué forma lo estimuló para que se adaptara a los nuevos rumbos?
2. ¿Cuáles han sido los cambios culturales que usted tuvo que liderar en su organización/división?
3. ¿Cuál es el grado de innovación y experimentación que usted quiere imprimir en el negocio que lidera en la compañía? ¿Qué recursos ha puesto en práctica para obtener esta innovación?

4. Defina qué es ser un *sponsor* de innovación. Relate una situación en la que haya tenido que respaldar una verdadera innovación en su organización/departamento.
5. ¿Cómo incentiva a sus gerentes para que crezcan más allá de su disciplina y hagan aportes al negocio?
6. ¿Qué estrategias de comunicación o acciones simbólicas ha utilizado para señalar a los miembros de su organización un cambio de rumbo?
7. ¿Qué ha hecho para enfrentar el apoyo con el que contaba la estrategia anterior de la organización? ¿Qué escollos encontró cuando tuvo que cambiar una estrategia pasada? ¿Qué hizo para cerciorarse de que el cambio fuera realizado?
8. ¿Qué participación ha tenido usted en el diseño de su organización y de sus políticas?
9. ¿En qué situaciones ha resultado eficaz su estilo de dirección? Cuénteme de alguna vez en que haya resultado eficaz para un problema de gestión de su departamento.
10. ¿Qué visiones ha generado en su organización? ¿Qué políticas ha impulsado para sostener esta visión?

> *Relaciones públicas:* habilidad para establecer relaciones con redes complejas de personas cuya cooperación es necesaria para tener influencia sobre los que manejan los productos líderes del mercado, clientes, accionistas, representantes de sindicatos, gobernantes en todos los niveles (estatales, provinciales y locales), legisladores, grupos de interés, proveedores y la comunidad toda.

Preguntas asociadas

1. Defina el concepto de relaciones públicas.
2. En su posición actual o en las anteriores, ¿qué oportunidades tuvo usted de exponerse a contactos políticos de distintos niveles (integrantes o no del gobierno)?

3. ¿Algún emprendimiento de la compañía generó la necesidad de hacer *lobby*? ¿Con quiénes y a qué nivel tuvo que interactuar?
4. ¿Qué personas privilegia dentro y fuera de su organización para hacer su red de contactos?
5. ¿Su compañía tiene operaciones en el exterior? Si es así, ¿qué papel jugó usted en el establecimiento de las mismas?
6. ¿Cómo se sirve de su red de contactos para estar al tanto de los últimos avances de sus competidores? ¿Y los de sus clientes?
7. ¿Cuál es su actuación en cámaras, asociaciones profesionales o empresarias?
8. Cuénteme alguna situación en donde haya establecido una alianza estratégica con un proveedor, cliente o competidor. ¿Qué estrategias instrumentó para imponer su punto de vista a los otros? ¿Cuáles fueron los resultados obtenidos?
9. Desde su cargo, ¿ha tenido usted la oportunidad de hacer algo por la comunidad?

Habilidades mediáticas: están asociadas a la asimilación de los nuevos y tradicionales medios de comunicación y su aplicación eficaz. Desenvoltura frente a los medios, en las conferencias de prensa, en las conferencias con sus pares o la comunidad, en la grabación de CDs, en las teleconferencias, etc. Buena relación con la prensa, habilidad de comunicar lo que desea con claridad y sencillez. Se relaciona con la competencia "modalidad de contacto" pero en un sentido más específico, porque hace referencia a los medios.

Preguntas asociadas

1. ¿La estrategia de su compañía incluye la exposición a los medios? En caso afirmativo, cuénteme alguna experiencia que considere relevante. Cómo se preparó para ello, cómo se sintió durante la exposición.
2. ¿Pidió ver la grabación para analizarse?
3. ¿Qué repercusión tuvo? ¿Recibió llamadas de felicitación o de crítica?

4. Describa alguna situación en que le haya costado manejar una comunicación sobre una situación delicada a la que debía hacer frente su organización. ¿Qué medio eligió para hacer esta comunicación? ¿Qué efectos posteriores tuvo?
5. ¿Qué artículos o libros ha publicado usted recientemente? ¿Ha efectuado presentaciones? ¿Qué repercusión han tenido en su organización?
6. ¿Cómo ha desarrollado sus habilidades de exposición a los medios?

Nota: la mejor forma de evaluar y desarrollar esta competencia es a través de la técnica del *assessment*,[1] poco factible de utilizar en estos niveles y durante un proceso de selección, no desde el punto de vista técnico sino por la infrecuente disponibilidad de los entrevistados a someterse a *tests, assessment* u otro tipo de evaluaciones cuando son llamados a participar, como explicamos al inicio de este capítulo. Una idea posible, dentro de esta línea de pensamiento, es solicitarle al entrevistado algún vídeo para "verlo en acción".

> ***Desarrollo de su equipo:*** es la habilidad de desarrollar el equipo hacia adentro, el desarrollo de los propios recursos humanos. Supone facilidad para la relación interpersonal y la capacidad de comprender la repercusión que las acciones personales ejercen sobre el éxito de las acciones de los demás. Incluye la capacidad de generar adhesión, compromiso y fidelidad.

Preguntas asociadas

1. Relate sugerencias de sus colaboradores que usted haya puesto en práctica en su división/empresa. ¿Cómo lo hizo? ¿De qué forma premió a sus colaboradores por estas sugerencias?

---

1. De Ansorena Cao, obra citada. Para este autor, las pruebas situacionales que consisten en enfrentar a los candidatos a la resolución práctica de situaciones conflictivas reales del entorno del puesto de trabajo para el que son seleccionados. Se trata, generalmente, de una serie de problemas por resolver en la vida práctica, con situaciones realistas, en los que se brinda al candidato un paquete de informaciones variadas –y no siempre completas ni coherentes– que debe "gestionar" hasta llegar a tomar una serie de acciones y decisiones que conduzcan a la resolución de los conflictos de intereses o al esclarecimiento de los problemas planteados. En ellas, el candidato ha de enfrentarse, de manera real o simulada, a situaciones parecidas en sus características y contenido a aquellas que deberá resolver de forma real en la ejecución de sus tareas en el puesto de trabajo.

2. ¿Cuál es el tiempo que usted asigna para trabajar con los nuevos managers?
3. Cuénteme de gente que haya ascendido en su carrera en la organización en la que usted trabaja/trabajó, gracias a su *management*. ¿Qué experiencias de *mentoring*[2] han sido más gratificantes para usted?
4. ¿Qué recursos ha generado en su organización para formar equipos que aprendan a aprender en conjunto?
5. ¿En qué temas específicos requiere desarrollo su actual equipo?
6. ¿Qué innovaciones de sus colaboradores ha respaldado y desarrollado que se han transformado en negocios fructíferos para su organización? ¿Qué riesgos asumió para que estas innovaciones fueran puestas en práctica?

> **Portability** - *Cosmopolitismo* - *Adaptabilidad:* implica la habilidad para adaptarse rápidamente y funcionar con eficacia en cualquier contexto extranjero. La investigación indica que esta competencia se correlaciona con las de disfrutar con los viajes y conocer otros lugares, resistencia al estrés, comprensión de diferentes culturas y capacidad de establecer relaciones interpersonales.

Preguntas asociadas

1. Describa cuál ha sido su experiencia en el desarrollo de nuevos negocios para su empresa en otros países. ¿Qué le permitió adaptarse en forma rápida a la cultura de otro país?
2. ¿Experimentó usted un traslado en su carrera? En el caso de un traslado, ¿cómo tomó su familia el cambio de medio?
3. ¿En qué forma una estada prolongada en otro país modificó su forma de ver los negocios de su compañía?
4. ¿Cómo soporta los viajes frecuentes? ¿Cómo se adapta a las culturas diferentes, distintos ritmos, horarios y costumbres en general?

Nota: este tema se relaciona con las conclusiones que la autora presenta en su libro *Cómo manejar su carrera*, de esta misma editorial, donde se entrevistó a ejecutivos exitosos, de cuyas historias se deduce que para soportar viajes y traslados frecuentes se necesita –además– buena salud.

---

2. Ver pág. 63.

CAPÍTULO 21

EJERCICIO
PARA COMPARAR CANDIDATOS ENTREVISTADOS POR COMPETENCIAS

Se plantea aquí un ejercicio breve a modo de ejemplo y síntesis del método desarrollado. El ejercicio se ha confeccionado a partir de una competencia mencionada en el Capítulo 18, sobre jóvenes profesionales: Tolerancia a la presión.

NIVELES INICIALES

Tolerancia a la presión

Se trata de la habilidad para seguir actuando con eficacia en situaciones de presión de tiempo y de desacuerdo, oposición y diversidad. Es la capacidad para responder y trabajar con alto desempeño en situaciones de mucha exigencia.

A Alcanza los objetivos previstos en situaciones de presión de tiempo, inconvenientes imprevistos, desacuerdos, oposición y diversidad. Su desempeño es alto en situaciones de mucha exigencia.

B Habitualmente alcanza los objetivos aunque esté presionado por el tiempo, y su desempeño es bueno en situaciones de mucha exigencia.

C Alcanza los objetivos aunque esté presionado, su desempeño es inferior en situaciones de mucha exigencia.

D Su desempeño se deteriora en situaciones de mucha presión, tanto sea por los tiempos o por imprevistos de cualquier índole: desacuerdos, oposición, diversidad.

Fuente: *Gestión por competencias. El diccionario*. Ediciones Granica, Buenos Aires, 2002, 2003.

Ante la formulación de una pregunta abierta para evaluar Tolerancia a la presión, los candidatos contestaron de distintas maneras. Compare sus respuestas.

"Cuénteme si en la universidad en alguna ocasión se le planteó una situación donde imprevistamente, por ejemplo, le cambiaron la fecha de entrega de una monografía, haciendo que coincidiera con la presentación del examen final u otra situación análoga. ¿Cómo procedió para resolverlo?"

Candidato 1: *En general uno tiene fechas de exámenes y entregas de monografías dadas de antemano. Hubo algunas veces cambios imprevistos..., a veces puede pasar que un profesor cambia la fecha por un viaje..., pero lo que permitía que esas situaciones no me desviaran de mi plan era tener una agenda organizada e ir preparando las materias a medida que iba asistiendo a clase. Concurrir con asiduidad me posibilitaba tener la asignatura al día. Así, un cambio en la fecha nunca me tomaba desprevenido. Las monografías casi siempre significan para mí mucho trabajo de lectura e investigación, así que no esperaba a la última semana para trabajar en ella. Me las ingeniaba para trabajar anticipadamente consultando con el profesor a medida que avanzaba.*

Para mí entonces que ambas cosas se juntaran se presentaba como un desafío. Quizá una noche sin dormir, pero es bueno poder hacer las dos cosas bien a pesar del apuro.

Candidato 2: *Uf... sí, un par de veces pasó eso con asignaturas un tanto complicadas. Recuerdo haberle pedido a un profesor que reconsiderara los plazos, pero aduciendo que tenía un viaje imprevisto nos cambió la fecha de una monografía anticipando la entrega dos semanas... Demostró poca voluntad... Se juntaba con el examen de Organización Industrial. Para mí era más importante el examen, así que postergué un poco la entrega de la monografía, para la que no llegué a profundizar demasiado. Aprobé justo... Por suerte el profesor estuvo misericordioso teniendo en cuenta el apuro... En fin, todo es posible cuando se cursa una carrera como Ingeniería Industrial. A veces es necesario elegir...*

Candidato 3: *En general esas cosas no me pasaron. No me gusta que se planifiquen tiempos de entrega y fechas de exámenes que después cambien... Sólo ocurrió una vez y opté por no presentarme al examen y pasarlo a marzo. Mi monografía ya estaba muy avanzada, así que le di prioridad. Un examen postergado no variaba tremendamente mis planes. Lo más terrible que me podía pasar era egresar el año siguiente.*

Compare las respuestas de los candidatos en relación con la competencia Tolerancia a la presión. Defina qué respuestas indican la competencia en grados A, B, C o D.

¿Qué preguntas adicionales haría para obtener más información? ¿Qué otros ámbitos indagaría para evaluar esta competencia?

# EJERCICIO PARA COMPARAR CANDIDATOS ENTREVISTADOS POR COMPETENCIAS

COMPETENCIA EVALUADA: TOLERANCIA A LA PRESIÓN					
	A	B	C	D	Fundamento de la evaluación
Candidato 1					
Candidato 2					
Candidato 3					

Las letras A a D indican una escala de mayor a menor en el cumplimiento de la competencia evaluada (grado de la competencia).

A continuación incluimos un esquema posible para comparar las distintas opiniones que sobre un mismo candidato tengan los diferentes evaluadores. Como usted verá, en el caso de una entrevista por competencias es importante describir cuál es el *comportamiento observado* que avala el concepto indicado o nivel detectado.

NOMBRE DEL POSTULANTE: ....
POSICIÓN PARA LA CUAL ES EVALUADO: ....

Perfil por competencias	*Evaluador 1* Nivel	*Evaluador 1* Comportamiento observado	*Evaluador 2* Nivel	*Evaluador 2* Comportamiento observado
(breve descripción de la competencia)	*(grado)*		*(grado)*	
(breve descripción de la competencia)	*(grado)*		*(grado)*	
(breve descripción de la competencia)	*(grado)*		*(grado)*	
(breve descripción de la competencia)	*(grado)*		*(grado)*	

Comparación de distintos candidatos en la selección por competencias

La comparación de candidatos en la metodología de Gestión de Recursos Humanos por Competencias no difiere de la comparación de candidatos en un proceso de selección tradicional.

La regla de oro es: comparar los candidatos con el perfil.

¿Cómo se registran las entrevistas en selección por competencias?

Registrando comportamientos y tratando de relacionarlos con las competencias y su correspondiente grado.

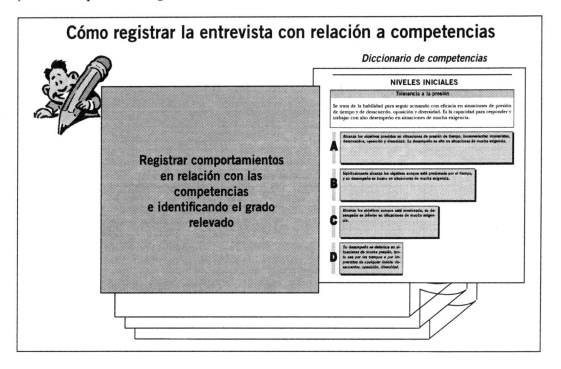

Cuando se trabaje con la metodología de gestión por competencias ese perfil se conformará, como es casi obvio, incorporando las competencias requeridas.

En el caso de selección es muy importante incorporar el concepto de competencias dominantes (ver Capítulo 17).

EJERCICIO PARA COMPARAR CANDIDATOS ENTREVISTADOS POR COMPETENCIAS

¿Por qué introducir el concepto de competencias dominantes? Porque en selección *no se puede* trabajar con una dispersión de diez competencias. En realidad no es que *no se pueda* sino que sería difícil de administrar tanto por el postulante como por el entrevistador. Se deberían dedicar muchas horas a una entrevista por competencias donde se pueda indagar a los candidatos sobre todas las competencias requeridas. Por lo cual, al igual que en relación a los requisitos, se habla de que los mismos pueden ser excluyentes y no excluyentes. Extrapolando este concepto a competencias vemos que existen algunas de ellas que son "más importantes" en un perfil que otras. A las primeras las hemos denominado "dominantes".

Para que lo expuesto se entienda con más claridad, incluimos a continuación un gráfico explicativo.

Comparación de candidatos

PERFIL	POSTULANTE 1	POSTULANTE 2	POSTULANTE 3
Requisitos excluyentes	Requisitos excluyentes	Requisitos excluyentes	Requisitos excluyentes
Requisitos no excluyentes	Requisitos no excluyentes	Requisitos no excluyentes	Requisitos no excluyentes
Competencias dominantes	Competencias	Competencias	Competencias
y su apertura en grados	Describir los comportamientos observados y relacionarlos con los grados requeridos	Describir los comportamientos observados y relacionarlos con los grados requeridos	Describir los comportamientos observados y relacionarlos con los grados requeridos
Otras competencias y su apertura en grados			

Como se desprende del mismo, siempre se compara con el perfil. En cuanto a competencias, para asegurarnos sobre el grado detectado de las mismas, la opción más segura es la de registrar y comparar comportamientos.

CAPÍTULO 22

LA ENTREVISTA EN PROFUNDIDAD

La entrevista en profundidad

En los numerosos cursos y seminarios dictados en el momento de la primera edición de esta obra, casi todas las preguntas se dirigían a la ejecución de la técnica de **entrevista por competencias**, cuando se trabaja con un modelo de gestión por competencias o sin él.

Recibíamos comentarios como los siguientes: "*Bueno, ya definimos las competencias. Ahora, ¿cómo las utilizamos? ¿Cómo las llevamos a nuestra vida diaria?*". La sensación generalizada (entonces y ahora) es que se trata de un método muy largo, muy costoso y que no siempre es posible llevarlo a cabo.

Un asistente a un seminario me dijo en una ocasión: "*Entrevisto habitualmente a altos ejecutivos, no puedo pedirles dos o tres horas de su valioso tiempo para aplicar una* B.E.I.*"*[1]... Y tiene razón.

Otros nos han consultado: "*¿Cómo me manejo con las 1.000 preguntas*[2]*? ¿Cómo selecciono cuál o cuáles me conviene utilizar en cada caso? ¿Cuántas preguntas son aconsejables?*

Trataremos de dar respuesta a estos interrogantes. Como hemos visto en capítulos anteriores, es necesario planear la entrevista. Una buena práctica podría iniciarse clasificando las preguntas de la siguiente manera:

Preguntas con relación al perfil y preguntas sobre un individuo en particular

Usted siempre deberá preguntar con relación a lo requerido para el puesto. Hay preguntas que se adaptan a todos los candidatos participantes en esa selección, por ejemplo, para conocer un determinado nivel de experiencia, capacidad de liderazgo u otra competencia que se desee investigar según lo requiera el perfil. En cambio, otras preguntas tendrán únicamente interés en relación con un candidato en particular, por ejemplo, candidatos que han permanecido muchos años en una misma compañía o candidatos que cambian frecuentemente de trabajo (ver preguntas del Capítulo 6).

Ejemplo:

Preguntas aplicables a todos los candidatos participantes

¿Cómo se mantiene al tanto de los nuevos desarrollos en materia de...?
¿Cómo está compuesto su equipo de trabajo?

Estas preguntas pueden elegirse al inicio del proceso de selección.

Preguntas específicas para un postulante en particular

Después de haber permanecido en la misma compañía por tanto tiempo, ¿cree que le será difícil adaptarse a una nueva organización? Pregunta aplicable a un candidato que hace muchos años trabaja en la misma empresa o grupo empresario.

Hace poco tiempo que trabaja para su empleador actual. ¿Por qué desea cambiar? Pregunta aplicable a un candidato con escasa permanencia en su empleo actual. Esta

---

1. Concepto explicado en los capítulos 17 y 24.
2. En referencia a las 1.000 preguntas que se presentan en esta obra.

pregunta puede ser modificada en el caso de que la persona no haya respondido a un anuncio, sino que haya sido citada por nosotros (con la metodología del *head hunting*): *¿Qué factores lo impulsarían a cambiar o evaluar la posibilidad de hacerlo?*

Estas preguntas surgirán en el momento de leer el CV de la persona que se entrevistará.

Aclarado este punto, usted podrá preparar para cada selección un grupo de preguntas en estrecha relación con el perfil que debe cubrir, y agregarle alguna pregunta específica para el caso que corresponda.

¿Cómo elegir las preguntas más adecuadas según el perfil?

Cada perfil tiene requisitos excluyentes y no excluyentes;[3] a la vez, es fundamental determinar las competencias dominantes –o las más importantes– en cada caso, como ya se mencionó en el Capítulo 17. A partir de estos puntos relevantes del perfil se aconseja elegir preguntas para explorar en la entrevista estos temas en especial.

¿En qué consiste nuestra propuesta? En realizar una **entrevista en profundidad** tomando lo mejor de la herramienta y llevándola a una extensión razonable de 40 minutos o una hora.

Preparemos juntos las preguntas antes de la entrevista

Para ello le sugerimos preparar un conjunto de preguntas mezclando diferentes temas, por ejemplo:

Preguntas generales para conocer mejor a los postulantes:

Cuénteme sobre usted mismo.
Cuénteme sobre su familia, sus hobbies, etc.
¿Qué sabe sobre nuestra compañía?
Cuénteme sobre su última posición.
¿Dónde espera estar dentro de cinco años?
¿Qué piensa usted que puede aportar a esta compañía?
¿Por qué debería ofrecerle a usted ...?
¿Cómo se desempeña mejor, trabajando en equipo o solo?

---

3. *Empleo: el proceso de selección*, Capítulo 7.

Preguntas con relación al perfil requerido

¿Cómo motiva a su staff de colaboradores? ¿Qué hace para incentivar su crecimiento?

¿Cuánto hace que se desempeña en este puesto?

¿Qué tipo de problemas tiene en el día a día?

¿Cómo toma decisiones cuando su línea de informes está ausente o cuando excede sus atribuciones?

¿Cómo se mantiene informado sobre las últimas novedades en su campo?

Reláteme algún episodio donde haya tenido que cambiar conocimientos ya aprendidos. ¿Qué pasó? ¿Cuáles fueron los resultados?

¿Cuáles son las áreas más críticas de su organización/división que usted controla actualmente?

¿Qué respuestas estratégicas evaluó y aplicó en los últimos tiempos ante los cambios que el mercado ha impuesto a su organización?

¿Cuánto tiempo le dedica a la resolución de temas operativos de su división/empresa? (Para los número uno de área), ¿cuánto tiempo le asigna al planeamiento?

Pregunta para casos especiales

Si estuvo en alguna oportunidad desempleado, ¿por qué dejó el último trabajo (antes del período de desempleo)?

En el Capítulo 1 se mencionó la entrevista focalizada que propone De Ansorena Cao. Sugerimos releer esos párrafos, en los que el autor menciona que la entrevista avanzada, en profundidad o focalizada, se realiza cuando el candidato ha superado las primeras instancias de la selección –entrevista personal inicial, evaluaciones psicológicas, técnicas y, eventualmente, pruebas situacionales–; esto es correcto y así debería ser en todos los casos.

En ocasiones hay que aprovechar la primera entrevista para hacer una observación profunda del candidato; no queremos ser taxativos y plantear que la entrevista en profundidad se realiza solamente cuando *estamos frente a los candidatos finalistas.*

Por lo tanto y como una forma de optimizar el uso de nuestro tiempo y el tiempo del postulante, que muchas veces también es escaso, la utilización de la entrevista en profundidad puede ayudarnos a resolver este tipo de situaciones.

De Ansorena Cao dice que *conviene hacer una integración de la información recogida y formarse una imagen mental del candidato.*

Insistimos una vez más en la necesidad del planeamiento de la entrevista. Si usted realiza una profunda lectura de todos los antecedentes que haya reunido hasta ese momento del candidato podrá tener, antes de iniciar la entrevista, una primera aproximación: cuáles son los puntos fuertes y débiles de ese candidato con relación al perfil buscado así como cuáles aspectos deberá indagar durante la entrevista.

Asimismo es importante realizar una correlación entre los requisitos excluyentes y no excluyentes del perfil, juntamente con las competencias dominantes y los puntos fuertes y las eventuales limitaciones del candidato con relación a lo requerido para cubrir el puesto.

Con este planeamiento previo y la selección de un adecuado conjunto de preguntas podrá realizar una mejor observación del entrevistado en el tiempo disponible.

A modo de ejercitación

Analicemos respuestas a preguntas específicas

CASO 1

Jorge A., gerente de Ventas, 40 años, ingeniero

Jorge es un exitoso gerente de Ventas que ha superado las cuotas de ventas en los dos últimos ejercicios.

–¿Cómo motiva a su staff de colaboradores? ¿Qué hace para mejorar su crecimiento?

–¿Motivar? Usted me pregunta por los incentivos... En esta compañía son muy reticentes con los bonus... pero ya sabe, el mejor incentivo son unos buenos "verdes" y si son en una cuenta en Bahamas mucho mejor; yo no entiendo otra manera mejor de incentivar a la gente que una buena retribución, pero sobre todo un buen bonus...

–No, realmente... le preguntaba desde los recursos humanos... pensaba en el crecimiento de los colaboradores... Usted algún día se puede ir, lo pueden trasladar... Usted debe desarrollar a su gente...

–Ah, ya entiendo, usted me habla de ese rollo que tienen los de Recursos Humanos. Bueno, creí que estaba hablando con alguien de línea como yo, que no se cree todas esas cosas de... Bueno, qué quiere que le diga, a mí nadie me ayudó mucho. Me acuerdo que una vez, cuando era muy joven, tuve un jefe que daba clases en la facultad y le pedí acompañarlo, nunca me dejó ni acercarme, era un tipo tan rígido... Creo que pensó que le iba a hacer sombra, siempre me pasaron cosas parecidas... Y estos jóvenes de ahora (yo tengo 40, me refiero a los de 24 o 26) se creen que se pueden llevar el mundo por delante... No, que cada uno se haga su futuro como pueda. Mi responsabilidad llega hasta enseñarle a cada uno lo que tiene que hacer, que lo haga bien. Y sí, aplico la rotación de puestos, ya que si alguno se tiene que ir de vacaciones o se enferma necesito que todos sepan el trabajo de todos.

Análisis de las respuestas

Jorge es un exitoso gerente de Ventas que plantea en un estilo propio sus puntos de vista. Él piensa que la mejor forma de motivar a su equipo es mediante estímulos económicos y posiblemente logró éxito con ese esquema.

No hace lo que usualmente los especialistas de Recursos Humanos denominan *una buena entrevista*. Su lenguaje no es el más adecuado y responde las preguntas con más información que la que se le requiere.

Si analizamos la respuesta solamente en relación con la pregunta formulada, llegamos a la conclusión de que Jorge pone en práctica alguno de los principios de desarrollo de recursos humanos, ya que realiza rotación de puestos de su equipo y pareciera que entrena a su equipo.

De todos modos el correcto análisis de esta respuesta deberá hacerse con relación al perfil y la cultura de la organización. Si entre las competencias dominantes, por ejemplo, se requiere fuerte motivación de los equipos de trabajo y desarrollo del equipo (Grado A), debería incluirse a Jorge en la categoría C, según estas respuestas. En un caso como este deberían formularse preguntas adicionales para confirmar.

CASO 2

María, contadora general, 35 años, casada, tres hijos

María se ha graduado con diploma de honor y ha logrado las mejores calificaciones en las últimas tres evaluaciones de desempeño.

–¿Qué tipo de problemas tiene en el día a día?

–Creo que el principal problema es armonizar mi vida; si puedo con ello, se imagina que puedo con todo el resto... (sonrisas).

Bueno, yendo a lo que usted quiere saber, mi principal problema es cumplir con los informes a la casa matriz, pero usted podrá comprobar que en los cuatro años en que he tenido a mi cargo la función no he registrado ni un solo día de retraso en el envío de informes.

Los dos últimos años hemos tenido la visita del auditor interno de la casa matriz y ha elevado un informe sin comentarios importantes...

Con el auditor externo no ha sido tan sencillo, usted sabe cómo son estos jóvenes. Se los lleva el viento y ellos no saben todos los problemas que tenemos en la vida real, se creen que todo es decir "esto está bien, esto está mal" y que a nosotros nos parta un rayo...

Pero he defendido los intereses de la compañía por sobre todas las cosas.

–*¿Cómo toma decisiones cuando su línea de informes está ausente o cuando excede sus atribuciones?*

–Ese no es un problema que tengamos en la Argentina. Mi jefe nos ha delimitado nuestras áreas de atribuciones e informes y cada uno sabe exactamente qué tiene que hacer en cada caso. Bueno, el otro detalle: todos tenemos teléfono móvil y podemos llamar "al jefe" cuando pasa algo que nos excede...

–*¿Cómo se mantiene informada sobre las últimas novedades en su área?*

–Bueno, usted pensará que yo le digo que aquí todo está bien, pero de nuevo mi jefe tiene todo muy previsto y organizado. Compramos revistas técnicas y todas las publicaciones del Consejo Profesional que nos agrupa en mi país. Por otra parte soy adicta a Internet y creo que estoy muy actualizada.

Análisis de las respuestas

Al igual que en el caso anterior, María también habla sobre lo que no se le ha preguntado. De todos modos pareciera que es una correcta profesional en su puesto; se infiere que tiene una excesiva dependencia de su jefe, que le resta autonomía.

En su esquema ella se atiene totalmente a las reglas establecidas. El otro elemento para tener en cuenta es que María no tiene una buena relación con los auditores externos, pero es esperable que, de todos modos, cumpla con lo que se le requiera.

¿El perfil requiere una persona con alta autonomía (autonomía, competencia dominante) o cumplimiento de las reglas establecidas con fuerte compromiso con la tarea y la empresa (compromiso, competencia dominante)?

De este modo deben analizarse las respuestas y no como *a nosotros nos parece que debería ser el desempeño de una contadora general*.

CASO 3

Daniel H., gerente de Producción, 42 años, ingeniero industrial

Daniel está considerado en su empresa el "hombre solución", no hay problema que él no sepa resolver...

—¿Cuánto tiempo le dedica a la resolución de temas operativos de su división/empresa?

—Oh, justamente ese es mi fuerte, los ingenieros somos únicos en la resolución de problemas, sobre todos los operativos. ¿Conoce la anécdota del obrero que fue promovido a jefe y él mismo arreglaba las máquinas de sus operarios cuando se descomponían? ¡Qué anécdota fantástica! Estaba en uno de los libros de primer año; pasó tanto tiempo, no me acuerdo el autor... Bueno, ese soy yo, arreglo todos los problemas que mis subordinados no pueden arreglar.

¿Leyó el libro *Todo un hombre?*[4] ¡Qué tipo ese Charlie Croker! Bueno, no me parezco a él, entre otras cosas soy más joven, pero sí, soy así, resuelvo todos los problemas de mi equipo.

—¿Usted piensa que esto le lleva la mayor parte del día?

—Hum, no, no diría que la mayor parte, tampoco hay tantos problemas, no se vaya a creer, pero diría que estoy bastante ocupado...

—¿Cuánto tiempo le asigna al planeamiento?

—Oh, ¿usted se refiere a ese infernal papeleo que piden todos los años? Me las arreglo bastante bien, ya tengo práctica en rellenar los formularios; tengo la misma secretaria desde hace años y ella me ayuda, es muy precisa y arma bien los números, por lo tanto, me lleva poco tiempo. Lo preparamos al comienzo del ejercicio y luego lo revisamos rápidamente todos los meses; nunca hemos tenido una observación demasiado grave.

En el último ejercicio, mi jefe se enojó un poco porque los rendimientos de la fábrica no fueron los esperados: debimos importar cierta materia

---

4. Tom Wolfe, *Todo un hombre*, Tiempos modernos, Ediciones B, Barcelona, 1999 (título original: *A Man in Full*, 1998).

prima y a partir de allí no dieron bien los estándares de exportación, nos regresaron dos partidas. Pero le dije *al jefe:* "Los responsables del área comercial debieron defender más la posición, la diferencia era muy pequeña, no entiendo por qué lo devolvieron...".

¿Se da cuenta?, el planeamiento no sirve demasiado; aunque hubiese cambiado la máquina el año pasado como me fijaba la norma de casa matriz, tampoco hubiese salido *buena* la partida mala...

Análisis de las respuestas

Daniel, al igual que Jorge y María, habla en exceso y es el que más se explaya de los tres. A diferencia de los dos primeros casos, Daniel tiene problemas de gestión. No realiza el planeamiento según lo requiere la compañía que lo ha contratado y por descuidar sus responsabilidades los rendimientos de la fábrica no han sido los esperados (según sus propias palabras no cambió la máquina en la fecha fijada por las normas de la empresa).

Una vez más hay que comparar el desempeño de Daniel con el perfil del puesto. Si se requiere alta capacidad de planeamiento y pensamiento estratégico como competencias dominantes, este candidato no es apto para esa posición. Si, por el contrario, la competencia dominante se centrara en la habilidad de resolución de problemas operativos y el planeamiento está en manos de otro nivel o cargo, la evaluación será diferente.

> **Comentario para los colegas de Recursos Humanos:**
>
> Sugerimos este ejercicio para actividades de capacitación a la línea en técnicas de entrevistas, por competencias o no

CAPÍTULO 23

ENTREVISTA POR COMPETENCIAS
PARA ESPECIALISTAS

La entrevista es uno de los métodos más difundidos en la selección de personas. Casi no se verifican procesos de selección donde los participantes no pasen por lo menos por una entrevista. Sin embargo, no siempre los resultados son los esperados. La entrevista por competencias tiene el propósito de mejorar los resultados de los procesos de selección y disminuir tanto la rotación como la inadecuada selección de personal que no alcanza el desempeño deseado.

En el presente capítulo se profundizarán algunos conceptos; por ello se ha denominado "Entrevista por competencias para especialistas". Quizá el Capítulo 17 sea el más adecuado para aquellos que toman contacto por primera vez con este método. Varios años después de la aparición de la primera edición de esta obra, mucha gente tiene ya experiencia en la entrevista por competencias y este capítulo les puede ser útil para repasar y confirmar conceptos.

Habitualmente mis colegas me consultan sobre cómo lograr que sus clientes internos utilicen este tipo de entrevista o cómo resolver algún problema o duda. Trataremos de responder a todos.

En primer lugar este tipo de entrevista es fundamental para las empresas que hayan aplicado un esquema global de gestión por competencias y una buena práctica para todos, por su estilo objetivo de preguntar que permite inducir al entrevistado a que responda sobre hechos y no sobre opiniones o pareceres. Lo más importante: objetiviza la selección, ya que el análisis se centra sobre hechos concretos.

Un aspecto que se debe tener en cuenta, en las entrevistas en general y en especial en las entrevistas por competencias, es la **interrelación entre el entrevistado**

y el entrevistador. Debe existir algún tipo de correlación entre nivel y experiencia. No es imaginable que un joven sin experiencia pueda entrevistar a un gerente general. Si bien puede tener una buena base teórica (que es imprescindible), esta debe estar acompañada por su propia experiencia gerencial y profesional.

La entrevista por competencias requiere por parte del entrevistador no sólo capacidad de análisis sino agilidad para identificar los comportamientos que se desprenden de un relato de hechos. Para analizar y comprender lo que el entrevistado expresa en el diálogo, es imprescindible conocer el rubro a que se dedica la empresa, qué hace el entrevistado, los distintos niveles de las organizaciones y los roles que se juegan dentro de ellas.

Más adelante nos referiremos a la entrevista estructurada, y en capítulos anteriores se presentaron preguntas para indagar sobre competencias. En muchas organizaciones los entrevistadores del área de Recursos Humanos utilizan estos cuestionarios, que a veces tienen más de diez carillas. En algunas empresas los cuestionarios están formulados en el idioma original de la casa matriz, que, de más está decir, está radicada en países con otros usos y costumbres. Un entrevistador con poca experiencia, aunque cuente con este formulario, no siempre sabe cómo insertar en una entrevista las distintas preguntas y no puede luego relacionar o interpretar las respuestas y de qué modo las mismas se relacionan con comportamientos.

Primera interrelación

El candidato

○ **La experiencia**
○ **Los conocimientos**
○ **Sus competencias**
○ **Su comportamiento**
○ **Sus actitudes**
○ **Sus referencias culturales y sociales**
○ **Sus proyectos**

El selector

○ **Su comportamiento**
○ **Sus actitudes**
○ **Sus competencias**
○ **Su técnica para preguntar**
○ **Sus referencias culturales y sociales**

Como se desprende del gráfico, hay que tener en cuenta las competencias del entrevistador y en segundo término, pero primero en importancia, las referencias culturales y sociales. Deben tener algún tipo de correspondencia.

La parte izquierda del gráfico presenta los aspectos que usualmente se consideran respecto de un entrevistado, y en la parte derecha los aspectos en juego o necesarios respecto del entrevistador.

Una correcta interrelación entre ambas listas dará como resultado una buena entrevista.

Nos hemos referido a los distintos tipos de preguntas en el Capítulo 1 y hemos tomado posición sobre la utilidad –o no– de las mismas. Sin embargo no todos coinciden con nosotros. Muchos autores sostienen que la entrevista situacional hipotética es una herramienta útil y proponen su utilización. Con todo respeto nos permitimos disentir, a excepción de que se la utilice para comprobar conocimientos teóricos. ¿Por qué? Pensamos que las personas frente a un ¿qué haría usted si...?, dejarán fluir su imaginación.

Por lo tanto, usted puede formular una pregunta hipotética como la siguiente:

¿Cómo haría el lanzamiento de un nuevo producto?

Si desea evaluar los conocimientos del entrevistado sobre los pasos a seguir en el lanzamiento del producto, está en el camino correcto. El entrevistado le presentará los pasos teóricos (según los libros o según su propia experiencia) sobre cómo se lleva a cabo el lanzamiento de un producto.

Si por el contrario usted desea evaluar la competencia "Orientación a los resultados" o "Capacidad de planificación" la pregunta deberá formularse de otro modo:

¿Alguna vez fue responsable por el lanzamiento de un nuevo producto?

Si la respuesta es afirmativa, deberá seguir indagando sobre otros aspectos.

Como habrá podido apreciar, las preguntas hipotéticas en sí mismas no tienen nada de malo, sólo hay que tener muy en claro qué se desea obtener.

La técnica de la entrevista por competencias es muy sencilla, debe tener en cuenta que se trata de un tipo especial de entrevistas donde el objetivo es centrarse en el análisis de los comportamientos pasados de la persona que se evaluará, desterrando para la evaluación de competencias las situaciones hipotéticas, como lo expusimos más arriba.

Si bien la herramienta es sencilla no es fácil su incorporación a las prácticas cotidianas, a nuestros hábitos de expresión y comunicación.

Usted puede preguntar sobre la historia, sobre cómo resolvió tal o cual situación, tratando siempre de detectar las competencias relevantes para la posición que se está evaluando en ese momento.

Las preguntas son al estilo de la siguiente:

> "Deme un ejemplo de una situación donde usted **haya tenido** que trabajar con un grupo. ¿Cuál **era** el rendimiento esperado? ¿Cuál **fue** su aporte a la tarea?"

En esta obra se incluyen muchas preguntas para diferentes temas. En los capítulos 18, 19 y 20 se presentan distintas competencias y la forma de preguntar acerca de las mismas. Son ideas; a partir de ellas usted podrá elaborar su propia guía de entrevistas. Al final del presente capítulo encontrará un ejemplo de guía de entrevistas por competencias.

Como surge del formulario, será clave **determinar las competencias dominantes** para focalizar sobre ellas las preguntas que se efectuarán durante la entrevista. Nos hemos referido ya a este punto en el Capítulo 17. ¿Qué se entiende por competencias dominantes? Aquellas que cada empresa considere como las imprescindibles o más significativas. Hay una tendencia natural a desear evaluar todas las competencias, todos los conocimientos. Y no está mal, si fuese posible sería lo más adecuado. ¿Por qué decimos que no es posible? Por dos razones fundamentales: primero, el coste del proceso de selección, y segundo, y no menos importante, no siempre los candidatos (postulantes) están dispuestos a brindarnos tanto tiempo como para asegurarnos de que se han evaluado todos los ítems del perfil. Por ello es muy importante, en el momento de la definición del perfil, tener muy en claro los requisitos excluyentes y no excluyentes y las competencias dominantes. Si usted logra despejar estas incógnitas adecuadamente, con realismo, podrá arribar a un diagnóstico más correcto sobre el evaluado y –en definitiva– lograr un mayor éxito en su cometido: una correcta selección.

Aquellas empresas o consultores que no trabajen con un modelo de competencias y/o no deseen hacerlo, pueden utilizar de todos modos este esquema de trabajo a la hora de seleccionar, tomando aquellas competencias que les interesen y las preguntas asociadas.[1]

---

1. Sugerimos utilizar el diccionario con 160 competencias *Gestión por competencias. El diccionario*, Ediciones Granica, Buenos Aires, 2003 y su correlativo en preguntas, cuatro por cada competencia, *El diccionario de preguntas*, Ediciones Granica, 2003.

Consejos para el momento de relevar el perfil por competencias

1. Relevar toda la información disponible sobre el puesto.
2. Relevar todo lo necesario para desempeñarse en él: estudios, conocimientos especiales y experiencia más aconsejable.
3. Por último y muy importante: indague qué características de personalidad serán necesarias para desempeñarse exitosamente en esa posición.

Este debe ser su lenguaje para comunicarse con su cliente interno (o externo, si usted es consultor). Aunque la empresa se maneje dentro de un esquema de gestión de recursos humanos por competencias, el especialista debe evitar que el interlocutor utilice una jerga técnica. Para ello elaborará preguntas a partir de lo señalado en el punto 3. De ese modo el cliente interno identificará más adecuadamente las competencias, el grado y cuáles de todas ellas son las dominantes. El cliente interno recién sabe sobre qué se le pregunta en realidad cuando debe responder *qué hace falta para ser exitoso en esa posición (ese puesto, ese mercado, ese contexto en particular).* Es preciso preguntar desde su perspectiva con términos claros y precisos: ¿cómo cree usted que debe ser la persona que podrá llevar adelante este proyecto?, ¿cuáles cree usted que serán las características de personalidad (competencias) que lo llevarán al éxito?

Si la empresa ha difundido exhaustivamente las definiciones de las competencias (*Diccionario*), es posible que juntos –el especialista en selección por competencias y el cliente interno– analicen las competencias, sus definiciones y apertura en grados. Si esto no es así, será el especialista el que oriente al respecto. Si, por ejemplo, para una posición estuviesen definidas las competencias del puesto, quizás estas sean del tipo que se muestra en el cuadro siguiente:

Perfil de competencias

Posición: especialista junior

Competencias	D	C	B	A
Alta adaptabilidad - Flexibilidad			❏	
Capacidad de aprendizaje				❏
Dinamismo - Energía				❏
Habilidad analítica			❏	
Iniciativa - Autonomía			❏	
Liderazgo			❏	
Modalidades de contacto			❏	
Orientación al cliente interno-externo		❏		
Productividad		❏		
Responsabilidad			❏	
Tolerancia a la presión				❏
Trabajo en equipo				❏

Los grados de las competencias se modificarían para el nivel semisenior del siguiente modo:

Perfil de competencias

Posición: especialista semisenior

Competencias	D	C	B	A
Alta adaptabilidad - Flexibilidad			❏	
Capacidad de aprendizaje			❏	
Dinamismo - Energía				❏
Habilidad analítica			❏	
Iniciativa - Autonomía			❏	
Liderazgo			❏	
Modalidades de contacto			❏	
Orientación al cliente interno-externo			❏	
Productividad			❏	
Responsabilidad			❏	
Tolerancia a la presión				❏
Trabajo en equipo				❏

Para el nivel de senior, que implica la supervisión de equipos de trabajo, se incluyeron algunas competencias correspondientes a los niveles intermedios.

Las competencias y sus grados para el nivel senior son:

Perfil de competencias

Posición: especialista senior

Competencias	D	C	B	A
Alta adaptabilidad - Flexibilidad			❏	
Competencia - Capacidad				❏
Dinamismo - Energía				❏
Habilidad analítica			❏	
Iniciativa - Autonomía			❏	
Liderazgo			❏	
Modalidades de contacto				❏
Orientación al cliente interno-externo			❏	
Empowerment			❏	
Nivel de compromiso - Disciplina personal - Productividad			❏	
Tolerancia a la presión			❏	
Trabajo en equipo			❏	

En un diccionario encontrará no sólo el nombre de la competencia sino también su definición. Su cliente interno o externo deberá decirle cuáles de todas estas serán las que llevarán al candidato a ser exitoso en su tarea.

Para las empresas que no hayan puesto en práctica un sistema integrado de gestión por competencias y deseen utilizar un diccionario estándar, podrán instrumentar la selección por competencias, eligiendo de allí las que más representen sus necesidades.

Dificultades en la aplicación práctica de la selección por competencias

Un caso real

Un cliente de la consultora solicita una selección y para ello proporciona el perfil del puesto:

LA DESCRIPCIÓN DEL PUESTO (por competencias)

Título del puesto: analista programador

Área: Informática

1. **Misión:** diseñar, documentar, codificar y efectuar prueba de programas y *streams* de prueba, a fin de asegurar el desarrollo y mantenimiento de los sistemas computarizados.

2. **Principales resultados**

Impor-tancia	Acciones (¿Qué hace?)	Resultado final esperado (¿Para qué lo hace?)
1	Analizar, diseñar, documentar, codificar y efectuar prueba de programas y *streams* de prueba.	Asegurar el desarrollo y mantenimiento de los sistemas computarizados.
2	Contribuir en la definición global, diseño y puesta en práctica de sistemas computarizados, a través del análisis, diseño, codificación y prueba de programas.	Garantizar la disponibilidad de los programas requeridos.
3	Contribuir a la solución de problemas que afectan a sistemas computarizados, a través de la participación en la evaluación de problemas que afectan a una parte del sistema, y la determinación, definición y ejecución de las acciones para su solución.	Optimizar el funcionamiento de los sistemas.
4	Realizar mantenimiento de los sistemas por requerimiento de terceros o por errores en el manejo, a través del análisis, definición, programación y aplicación de la solución adecuada.	Minimizar riesgos.
5	Atender consultas de funcionamiento de los sistemas por parte de capacitadores y usuarios.	Brindar soporte para la utilización de los sistemas.

3. **Dimensiones** (en blanco)
   No tiene personal ni recursos a su cargo.

4. **Organización** (en blanco)
   No tiene personal ni recursos a su cargo.

5. **Autoridad**

Decisiones	Recomendaciones
Determinar la solución adecuada para la resolución de problemas.	Proponer uso de herramientas y/o utilitarios de desarrollo. Proponer procedimientos estándar de control o previsión de desperfectos.

6. **Contexto**
   Reuniones con el supervisor y/o analistas y/o grupo de trabajo.
   Reuniones con otros sectores por requerimientos compartidos.
   Contacto con usuarios de los sistemas.
   Contacto con capacitadores.

7. **Principales conocimientos, experiencias y habilidades**
   Conocimientos tecnológicos referentes a sistemas computarizados tales como lenguajes de programación, sistemas operativos, herramientas de desarrollo, utilitarios, comunicaciones, redes, etc.
   Técnicas de análisis y programación estructurada.
   Manejo de PC.
   Conocimiento de inglés técnico.
   Capacidad para desarrollar trabajo en grupo.

   Características de personalidad (competencias)

   ➤ Orientación al cliente (interno y externo).
   ➤ Trabajo en equipo y colaboración.
   ➤ Orientación a los resultados.
   ➤ Capacidad de análisis.

La información sobre el puesto, si bien es amplia, no basta para realizar la búsqueda; el cliente debe proporcionar información adicional.

La información fue complementada con el siguiente e-mail:

186 ELIJA AL MEJOR

```
Función: Analista Programador
Título universitario
Conocimientos de inglés: oral y escrito
Recomendable experiencia en bancos (no excluyente)

Conocimientos técnicos:
Experiencia en base de datos: DB2, SQL Server 7.0, Oracle 8
Lenguajes de programación: Java, Visual Basic 6.0
Experiencia en desarrollos Intranet - Internet
Sistema operativo: Windows NT
Experiencia en DB2 y AS/400 (deseable)
Herramientas CASE Erwin 3.5, EasyCase, etc.

Rango de Salario Bruto: $ "x" a $ "y"
```

La descripción del puesto por sí sola no alcanza para realizar la búsqueda, ya que si bien se tienen en cuenta las competencias para la posición, el primer filtro que deberá pasar una persona será que cubra los requisitos técnicos: experiencia y conocimientos.

El que sigue es un anuncio publicado en nuestro site:

Para importante banco internacional

Selección de alta complejidad

Analista Programador
Para desarrollo y mantenimiento de sistemas computarizados para PC.

Nos orientamos a un profesional universitario en carreras afines a Sistemas, muy buen manejo y experiencia en Base de Datos **DB2, SQL Server 7.0** y **Oracle 8**. Lenguajes de programación: JAVA, Visual Basic 6.0. Experiencia en desarrollos de **Internet e Intranet**, sistema operativo **Windows NT**. Se requiere experiencia en **DB2** y **AS 400** –no excluyente–.

Otros requisitos: Herramientas **CASE Erwin 3.5**, **Easy Case** entre otras. Muy buen manejo de utilitarios de PC y conocimientos de inglés oral y escrito, deseable pero no excluyente experiencia en bancos.

Se integrará a una organización que valora el trabajo en equipo, la orientación al cliente (interno y externo), la orientación a los resultados y la capacidad de análisis de sus colaboradores.

Las perspectivas de desarrollo son excelentes en el marco de una sólida organización.

Rogamos el envío –**urgente**– de antecedentes completos. Absoluta reserva.

Tucumán 1484, 4º "E" (C1050AAD), Bs. As. Argentina
Tel. (54 11) 43.71.64.17
e-mail: curriculum@winwin.com.ar
www.winwin.com.ar

Pasos para realizar la selección

Cuando ya se ha llevado a cabo el reclutamiento comienza la etapa de selección, proceso que se inicia despejando las incógnitas técnicas y de conocimientos en primera instancia, y continuando luego con las competencias propiamente dichas.

Si bien la entrevista por competencias es apropiada –como su nombre lo indica– para evaluar competencias, esta técnica se puede utilizar para conocer la experiencia o algún otro conocimiento que usted desee evaluar especialmente.

Como se desprende de los gráficos, primero se analizan los requisitos técnicos del perfil, lo que se puede realizar en una primera instancia a partir de la lectura de los distintos currículos de los candidatos. Los aspectos técnicos se analizan nuevamente en la entrevista y durante la misma se evalúan, también, las competencias.

En los capítulos siguientes se continuará desarrollando el tema. El caso planteado tiene como principal objetivo explicar cómo se deben tener en cuenta los diferentes componentes del perfil para una correcta –y exitosa– selección.

Como cierre de este capítulo nos parece importante repasar cómo se realiza una entrevista por competencias y sus correspondientes preguntas para evaluar competencias a través de los comportamientos.

Como se vio en el Capítulo 1, existen diferentes tipos de preguntas, algunas de ellas contraindicadas para la evaluación de competencias.

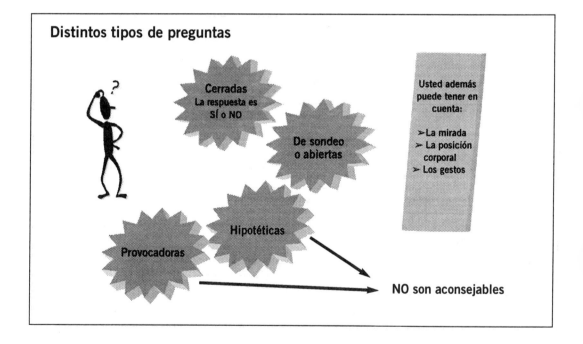

La correcta manera de preguntar se expone en los dos gráficos siguientes.

Primero se debe ubicar al entrevistado en una situación tal que el relato del comportamiento nos permita evaluar la competencia deseada.

Luego, el gran secreto es repreguntar. No es sencillo, requiere experiencia y reflejos rápidos. Nos permite estar seguros de que se comprendieron adecuadamente las respuestas y así lograr la evaluación correcta de la competencia.

La entrevista por competencias estructurada

La entrevista estructurada es un tipo de entrevista que asegura que todos los entrevistados tendrán una entrevista similar, explorando los mismos temas. Para ello se diseña un esquema que el o los entrevistadores usarán como guía. En la práctica la entrevista estructurada se presenta como una guía-cuestionario de entrevista.

En nuestra consultora denominamos Herramienta de selección a la entrevista por competencias estructurada; pensamos que es una denominación más explícita para los no especialistas. En la misma se presentan con un formato de formulario las competencias y las preguntas.[2]

En la entrevista estructurada las preguntas siempre se formulan en relación con el puesto y con las competencias requeridas para el mismo.

Tiene numerosas ventajas:

- Todos los entrevistados son evaluados a través de las mismas preguntas y sobre los mismos ítems. Estos ítems además están en relación con el puesto que se necesita cubrir.
- Todos los entrevistadores –del área de Recursos Humanos y la línea o cliente interno– utilizan un esquema común; por lo tanto, si lo desean, pueden distribuirse las preguntas.
- Las respuestas se comparan con los comportamientos esperados.
- Al evaluarse comportamientos se dejan a un lado los prejuicios (discriminación).
- Los distintos entrevistadores trabajan con un lenguaje común.
- Se evitan las interpretaciones y el "a mí me parece que…".
- Es una herramienta ideal para entrenar como entrevistadores a gerentes y supervisores de línea.

Si bien muchos pueden sentir que pierden espontaneidad, la entrevista estructurada tiene más beneficios que problemas. De todos modos es necesario el entrenamiento a la línea (al cual nos referiremos más adelante) para que no se transforme en un cuestionario que se formula a una persona y se maneje como una entrevista.

---

2. Hemos desarrollado un *Diccionario de preguntas* con cuatro preguntas por competencia, considerando la motivación de cambio como si fuese una competencia, es decir, con cuatro preguntas destinadas a explorar este aspecto tan importante en un proceso de selección. El trabajo será publicado por Ediciones Granica e incluirá 636 preguntas.

Ubicación de la entrevista por competencias en un proceso de selección

La entrevista por competencias es la más frecuente en el proceso de selección ya que la B.E.I. (ver Capítulo 24) es muy costosa y requiere un tiempo que los postulantes, en especial los que aspiran al alto management, no pueden dedicarle.

Por lo tanto, incorporar en el contexto de una entrevista tradicional las preguntas para evaluar competencias es lo más adecuado. En el gráfico que se presenta a continuación se indican dos entrevistas en la secuencia; la segunda es por competencias. Esto es así ya que, según los distintos procesos de selección, es posible concretar una primera entrevista para confirmar datos, que puede ser llevada a cabo por un entrevistador junior; se considera que la segunda entrevista es la destinada a evaluar competencias y requiere un entrevistador senior.

Igualmente, aunque el gráfico no lo indica, es ideal que la entrevista de la línea se realice a través de la exploración de competencias. Para ello los clientes internos deben ser entrenados en la entrevista por competencias.

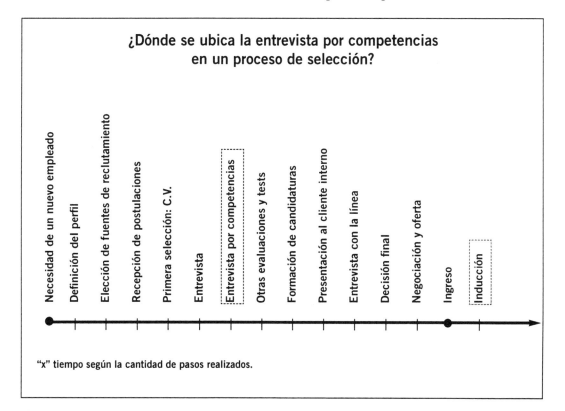

El entrenamiento de la línea es clave en todos los subsistemas de Recursos Humanos y en especial en Selección.

Es un error pensar que la entrevista por competencias es un conocimiento técnico de especialistas en Recursos Humanos. Es un conocimiento indispensable de cualquier manager.

El entrenamiento sobre entrevistas es siempre necesario. Los gerentes con varios años de experiencia suelen minimizar la importancia de la misma y se basan en su *feeling*. Nuestra experiencia nos indica que todos los managers necesitan entrenamiento en técnicas de entrevistas, los jóvenes y los experimentados. Estos últimos suelen acarrear errores que son difíciles de modificar.

Para evaluar competencias se dispone de diferentes métodos:

- ⇨ La entrevista por competencias, tratada en varias partes de esta obra.
- ⇨ Los assessment[3] o técnicas grupales para la evaluación de competencias a través de la simulación de situaciones o casos específicamente diseñados.

---

3. Nos hemos referido a los assessment en *Empleo: el proceso de selección*, Capítulo 11, Ediciones Macchi, 2001.

- Las evaluaciones de desempeño por competencias.[4] Esto no está disponible cuando la persona que participa en el proceso de selección es externa a la compañía, pero puede utilizarse en el caso de selecciones internas.
- Referencias: si son recabadas adecuadamente pueden dar información sobre comportamientos.

En la parte final del Capítulo 24 encontrará un esquema de entrevista estructurada, en ese caso aplicable a una B.E.I.

Diferencia entre la evaluación psicológica tradicional y la evaluación por competencias

El primer punto que hay que aclarar es que la evaluación psicológica y la entrevista por competencias o evaluación por competencias no son conceptos excluyentes, es decir, en un proceso de selección se pueden aplicar ambas herramientas y es –desde ya– lo ideal.

Los que tenemos muchos años en el área sabemos que no es nuevo el tema de evaluar candidatos en aspectos tales como liderazgo o trabajo en equipo. Sí es diferente el enfoque del tema y el punto de partida. Veamos las principales diferencias:

- En la evaluación psicológica tradicional se evalúan características similares a las competencias, por ejemplo, trabajo en equipo o liderazgo.
  En la evaluación psicológica la definición de la característica que se evaluará es estándar. Es decir, se utiliza el concepto generalmente entendido sobre el aspecto que se evaluará. No obstante en ocasiones los clientes internos o externos pueden dar su enfoque sobre una competencia determinada.

La evaluación psicológica tradicional se realiza con la aplicación de tests y es indispensable la intervención de un psicólogo entrenado en la materia.

- Cuando una organización decide implementar un esquema de gestión por competencias, las mismas son definidas por la máxima dirección y son de esa compañía en particular, por lo tanto la definición de la competencia puede diferir entre empresas.

---

4. Hemos tratado este tema en *Desempeño por competencias. Evaluación de 360°*. Ediciones Granica, Buenos Aires, 2002.

⇨ La evaluación de cada competencia es en base a conductas observables (hechos reales del pasado).
⇨ La entrevista por competencias la puede realizar una persona entrenada que puede ser psicólogo o no.

La evaluación psicológica, tanto como herramienta en el proceso de selección como para decidir traslados o promociones, se usa desde hace muchos años y es ampliamente utilizada por empresas y organizaciones de diferente tamaño y estilo; cada día se emplea más en pequeñas y medianas empresas.

GUÍA PARA UNA ENTREVISTA POR COMPETENCIAS

Competencias dominantes	Preguntas por competencias
1	
2	
3	
4	
5	
6	

Se aconseja: seis competencias dominantes, cuatro preguntas por cada una.

CAPÍTULO 24

LA ENTREVISTA POR INCIDENTES CRÍTICOS

La entrevista por incidentes críticos no es igual a una entrevista por competencias, pero son muy parecidas. ¿Por qué este comentario? Porque se puede hacer una entrevista por competencias "simplificada" aun en aquellas empresas que no tengan organizado un sistema de gestión de recursos humanos por competencias. Y denominaremos por su nombre correcto B.E.I. (*Behavioral Event Interview*) o Entrevista por eventos conductuales o Entrevista por incidentes críticos a la que se realiza de manera completa, siguiendo todos los pasos que indicaremos a continuación. Los objetivos que se persiguen son los mismos, pero la profundidad de la herramienta es diferente, y también lo es el tiempo requerido tanto para el evaluado como para el evaluador.

La entrevista B.E.I. no es otra cosa que una entrevista dirigida o estructurada, en la cual el objetivo es evaluar competencias.

En una entrevista dirigida se pueden mezclar las diferentes técnicas. Nada obsta para que usted comience con una pregunta abierta: *"Cuénteme sobre su historia laboral"*, y una vez que se haya formado una idea sobre los conocimientos técnicos y la experiencia laboral necesaria para cubrir ese puesto, pase a la entrevista por competencias.

Entrevistar por competencias es una parte del proceso de selección, muy importante por cierto. Pero recuerde que cuando una empresa necesita un especialista en determinado software será imprescindible que éste tenga un buen manejo del mismo y –luego– se analizarán las competencias. Cuando un banco necesita un gerente que conozca un determinado mercado, será del mismo modo y buscará cubrir la posición con una persona que conozca la plaza y el negocio y que, además, posea las competencias requeridas.

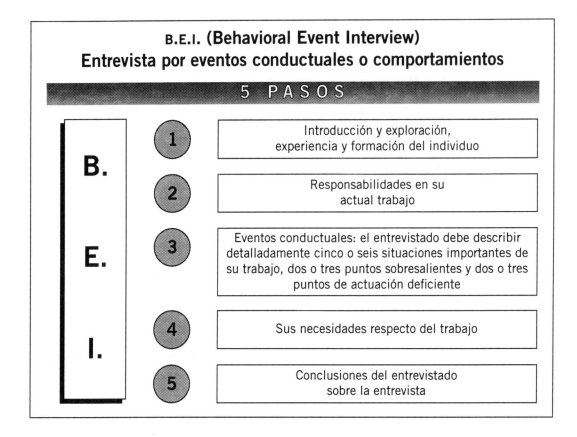

La gestión por competencias es una práctica cuyo uso comienza a extenderse, y es utilizada por grandes empresas o divisiones de compañías multinacionales. Requiere para su aplicación una fuerte inversión inicial, no sólo en la definición de las competencias, que elaborará un consultor o especialista en Recursos Humanos, sino también en cuanto al compromiso de la máxima dirección de la compañía y, luego, en el entrenamiento de toda la línea.

La B.E.I. consta de cinco partes:

1) introducción y exploración, experiencia y formación del individuo;
2) responsabilidades en su actual trabajo;
3) eventos conductuales (el entrevistado debe describir detalladamente cinco o seis situaciones importantes de su trabajo, dos o tres puntos sobresalientes y dos o tres puntos de actuación deficiente);
4) sus necesidades respecto del trabajo y
5) conclusiones del entrevistado sobre la entrevista.

Cómo planificar una B.E.I.

Primero: definir las competencias dominantes. Para ello se debe tener muy en claro el foco de la tarea. Si es una selección, se debe definir con los clientes internos o externos las competencias dominantes del puesto que se deberá seleccionar. Si fuese una evaluación se determinará qué competencias dominantes serán evaluadas.

¿Por qué? Fundamentalmente porque es imposible analizar/evaluar todas las competencias en una entrevista/evaluación, por lo tanto lo recomendable es determinar las dominantes y centrar los cuestionarios en ellas.

La determinación de las competencias dominantes implica establecer las competencias y grados necesarios; de allí se desprenden las conductas observables o la descripción de cada uno de los grados de la competencia.

PARTE 1

Introducción y exploración, experiencia y formación del individuo.

(Manejar esta parte con preguntas de sondeo –abiertas–).

PARTE 2

Responsabilidades en su actual trabajo.

(Manejar esta parte con preguntas de sondeo –abiertas–).

PARTE 3

Eventos conductuales (el entrevistado debe describir detalladamente cinco o seis situaciones importantes de su trabajo, dos o tres puntos sobresalientes y dos o tres puntos de actuación deficiente. A veces se denomina "fracaso" a estos últimos; sugerimos no usar este término, ya que suena muy duro a los oídos del entrevistado; en su reemplazo puede usarse "no éxito" en contraposición con tres puntos sobresalientes o exitosos de su actuación).

Esta etapa es el *core*[1] de la entrevista/evaluación. Lo recomendable es dividir esta parte en dos subetapas.

---

1. *Core*: corazón, núcleo, centro y en sentido figurado, esencia. *Diccionario Universal Langenscheidt.* Berlín, 1992.

- Preguntar sobre incidentes críticos sobresalientes positivos y negativos en su trayectoria laboral.
- Preparar preguntas focalizadas en las competencias dominantes.

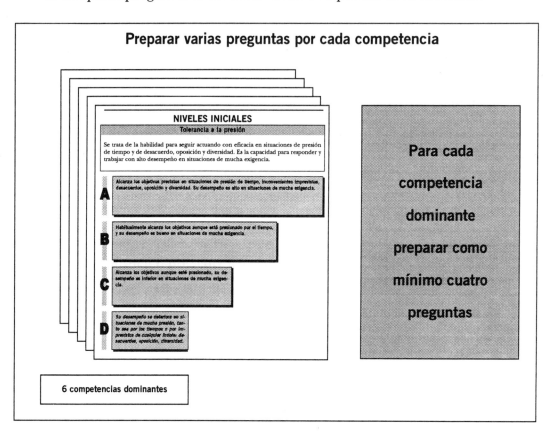

Informe detallado por las competencias con ejemplos de incidentes críticos definidos[2]

A modo de ejemplo proponemos el siguiente modelo:

Competencias	A	B	C	D	Comportamientos Incidentes críticos positivos	Comportamientos Incidentes críticos negativos
					1 _____ 2 _____ 3 _____	1 _____ 2 _____ 3 _____
					1 _____ 2 _____ 3 _____	1 _____ 2 _____ 3 _____
					1 _____ 2 _____ 3 _____	1 _____ 2 _____ 3 _____
					1 _____ 2 _____ 3 _____	1 _____ 2 _____ 3 _____
					1 _____ 2 _____ 3 _____	1 _____ 2 _____ 3 _____

PARTE 4

Investigar la motivación en un sentido amplio: motivación ante un eventual cambio de trabajo (si se trata de una selección) y las motivaciones sobre su carrera en general.

PARTE 5

Conclusiones del entrevistado sobre la entrevista.

---

2. Fuente: *Dirección estratégica de recursos humanos. Gestión por competencias*, Capítulo 4, Ediciones Granica, Buenos Aires, 2000, 2004.

¿Cómo registrar una B.E.I.?

Siempre se deben registrar hechos, comportamientos. Muchos sostienen que el mejor método es utilizar un grabador, pero esto no es aconsejable porque muchos entrevistados pueden sentirse incómodos. Como entrevistador, usted tendrá muchas ventajas si anota mientras escucha, en lo posible sin mirar el papel, atento a su interlocutor.

Al final del capítulo encontrará un modelo de formulario para el registro de una B.E.I.

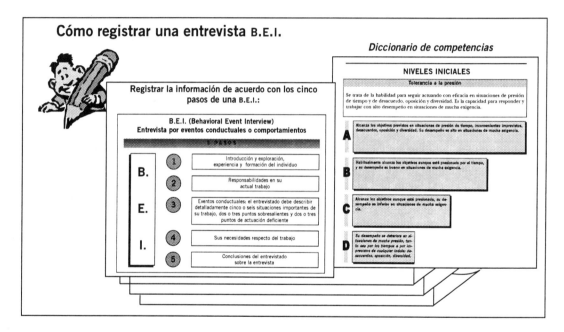

¿Cómo, cuándo y dónde aplicar una B.E.I.?

En diferentes circunstancias. Dado que es un recurso costoso, por las horas requeridas de consultor/especialista y las del propio evaluado, sugerimos utilizarlo:

- ⇨ En la selección de personal clave.
- ⇨ En fusiones y/o adquisiciones de empresas para determinar su capital intelectual.

La entrevista por competencias es parte del proceso de selección/evaluación, pero necesita un especialista.

Consejos prácticos para lograr una B.E.I. exitosa[3]

El objetivo de la B.E.I. es obtener descripciones conductuales (comportamientos) lo más detalladas que sea posible sobre el desempeño de una persona en su trabajo.

El entrevistador formula preguntas con el propósito de establecer el escenario o conducir a las personas a relatar historias cortas sobre situaciones críticas. La tarea del entrevistador es obtener historias completas que describan los comportamientos, pensamientos y acciones específicas del entrevistado en situaciones reales.

Preparación para la B.E.I.

> **Antes de la B.E.I.**
>
> ➪ Informarse sobre la persona que se entrevistará.
> ➪ Prever un lugar adecuado.
> ➪ Analizar, grabar y/o tomar notas durante la entrevista.
> ➪ Preparar preguntas específicas según las competencias que deberán relevarse.
> ➪ Usted no podrá leer la planificación; por lo tanto, debe conocerla adecuadamente.

- ➪ *Informarse sobre la persona que se entrevistará.* Nombre, posición, tipo de empresa donde trabaja y toda información adicional referida al entrevistado.
- ➪ *Prever un lugar adecuado.* Como en cualquier entrevista esto es fundamental, así como evitar distracciones de cualquier tipo.
- ➪ *Grabar la entrevista.*[4] Si es posible, grabe y tome notas de la B.E.I. Además de facilitar el trabajo del entrevistador, las grabaciones de la B.E.I. son

---

3. Esta sección, "Consejos prácticos para lograr una B.E.I. exitosa", está basada en los consejos de Spencer y Spencer (obra citada) y experiencias propias.
4. Los diversos autores que tratan el tema, entre ellos Spencer y Spencer, que hemos citado en varias ocasiones en esta obra, sugieren como metodología grabar las entrevistas B.E.I.

muy útiles para capturar los matices exactos de las motivaciones y procesos de razonamiento de los entrevistados. Las notas tienden a ser la versión del *entrevistador* sobre los hechos y no la del *entrevistado*. Las grabaciones de la B.E.I. pueden ser un recurso valioso –además– como elemento de capacitación, para estudios de casos y ejercicios de simulación.

De todos modos, esto no siempre será posible, por lo cual le sugerimos adquirir experiencia en tomar notas, evitando que sus apuntes registren sus impresiones, error mencionado en el párrafo anterior. Recuerde que las entrevistas de este tipo son de alto coste; si usted adquiere práctica suficiente sin grabar, los costes disminuirán. Pero debe asumir el riesgo.

- *No leer su planificación.* Usted deberá planificar la entrevista; si bien puede tenerla ante sí, no puede leerla delante de su entrevistado.

Resumen de una entrevista de eventos conductuales

La B.E.I., como ya se comentó, se realiza en cinco pasos. La mayor parte de la entrevista debe centrarse en el Paso 3, los eventos conductuales. Los pasos son los siguientes:

1. *Introducción y explicación.* Presentación y explicación del propósito y formato de la entrevista.
   Carrera profesional. Preguntar sobre la educación y experiencias laborales previas del entrevistado.

2. *Responsabilidades laborales.* Hacer que el entrevistado describa sus tareas y responsabilidades laborales más importantes.

3. *Eventos conductuales.* Pedirle al entrevistado que describa, en detalle, cinco o seis de las situaciones más importantes que haya experimentado en el puesto, dos o tres "puntos relevantes" o éxitos importantes, y dos o tres "puntos irrelevantes" o no exitosos. Esto se complementa con las preguntas sobre competencias dominantes.

4. *Las necesidades del entrevistado sobre el trabajo.* Pedirle al entrevistado que describa lo que se necesita para que alguien se desempeñe eficientemente en el puesto que él ocupa.

5. *Conclusión y resumen.* Agradecer al entrevistado por su tiempo y solicitarle que resuma las situaciones y descubrimientos clave de la entrevista.

Consejos *paso a paso*

Paso 1. Introducción y explicación. El propósito real de este paso de la B.E.I. es establecer un ambiente de confianza mutua y buena voluntad entre usted y el entrevistado, para que se sienta relajado, abierto y preparado para hablar con soltura. Los objetivos específicos son:

1. *Relajar al entrevistado.* Preséntese amablemente.
2. *Motivar al entrevistado para que participe.* Explique el propósito y el formato de la entrevista. La mayoría de las personas quieren saber por qué se las entrevista y para qué se utilizarán sus respuestas. Utilice este momento para explicar que formulará algunas preguntas sobre cómo se desempeña en el puesto. La mejor manera es pedirle que describa algunas de las situaciones más importantes que haya enfrentado en sus tareas, cuáles fueron las situaciones y qué hizo realmente. Otra variante es decirle que le preguntará sobre sus tareas y responsabilidades y sobre algunas "situaciones críticas", algunas situaciones "buenas" o exitosas y algunas situaciones "malas" y de fracaso o "no exitosas" que haya experimentado en los últimos 12 o 18 meses. Puede resultar útil darle unos minutos para reflexionar.

Si le da unos minutos para reflexionar, usted mientras tanto acomode algo o mire sus notas, para distenderlo.

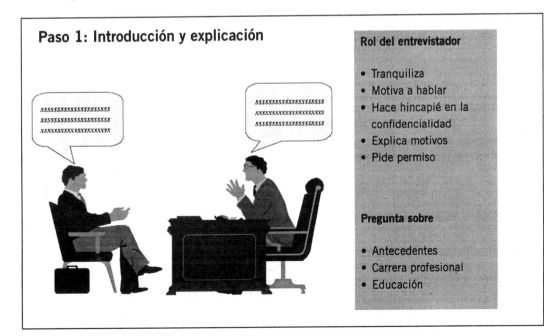

Sobre su carrera profesional: las preguntas específicas se centran en la *educación*, *puestos importantes* antes de la función actual y sus *responsabilidades* más relevantes, y cómo el entrevistado obtuvo su *puesto actual*.

3. *Hacer hincapié en la confidencialidad de las respuestas.* Explique cómo se utilizarán los datos y quién los verá. Tenga en cuenta que el entrevistado siempre estará preocupado por la confidencialidad de la información, mucho más si usted utiliza un grabador.

4. *Pedir permiso para grabar.* Insistir una vez más sobre la confidencialidad.

Más consejos

- Trate de ganar la confianza de la otra persona, explicándole abiertamente quién es usted, qué hace y por qué, y luego pidiéndole su colaboración. Si usted es abierto, informal y amable, es muy posible que el entrevistado responda de la misma forma.

- Usted debe encontrar el tono de la entrevista. El entrevistado debe sentir que a usted le interesa su relato, que valora sus experiencias. Recuerde que a la mayoría de las personas les agrada hablar sobre ellas mismas, sus puestos y lo bien que hacen las cosas.

Problemas y cómo resolverlos

- El entrevistado está nervioso o preocupado por la razón por la que fue seleccionado para ser entrevistado. Nos hemos referido a este aspecto en el Capítulo 1.

  Para resolver este problema, repita el propósito de la entrevista, destacando que el objetivo es obtener datos sobre el *puesto*, no evaluar al entrevistado personalmente. Asegúrele a la persona que sólo es una de las muchas personas que serán entrevistadas.

  Opcionalmente, según la curiosidad del entrevistado, usted puede decir: "Esto es parte de un programa para una mejor selección y/o capacitación para el puesto. Si podemos identificar las habilidades y experiencia que usted utiliza para desempeñarse en su posición actual, podremos seleccionar y capacitar mejor a personas para puestos como el suyo".

- El entrevistado está preocupado por la confidencialidad o no se siente cómodo con el grabador.

Para resolver este problema, repita la promesa de confidencialidad y lo que se hará con los datos obtenidos de la entrevista. Destaque que el grabador sólo lo ayudará a tomar notas. Ofrézcale apagarla si el entrevistado lo prefiere.

Paso 2. Responsabilidades laborales. Las preguntas específicas de esta sección se dirigen a lo que la persona realmente *hace*.

1. "¿Qué puesto ocupa actualmente?"
2. "¿A quién informa usted?" Tome nota del título y/o de la posición del supervisor. Puede decir: "No necesito su nombre, sólo su puesto".
3. "¿Quién/quiénes le informa/n a usted?" Tome nota de los títulos o posiciones de las personas que informan directamente al entrevistado. Otra vez puede decir que no necesita nombres, sólo posiciones de los subordinados.
4. "¿Cuáles son sus tareas o responsabilidades más importantes? ¿Qué hace usted realmente?" Si la persona tiene dificultades para nombrar tareas o responsabilidades laborales, usted puede formular la pregunta más específicamente.
5. "Por ejemplo, ¿qué hace en un día, una semana o un mes determinado?"

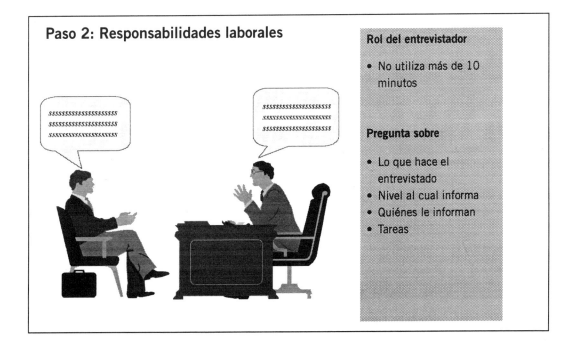

Más consejos

- ◊ Esta parte de la entrevista no debe tomar más de 10 o 15 minutos.
- ◊ El entrevistado podrá decirle que usted tiene su CV, dígale que efectivamente lo ha leído, pero que apreciaría una breve descripción.

Paso 3. Eventos conductuales. El objetivo central de la B.E.I. es hacer que el entrevistado describa en detalle al menos cuatro y preferentemente seis historias completas de situaciones críticas. Algunas personas sólo relatan cuatro situaciones, y otras, diez. Esta sección toma gran parte del tiempo de la entrevista y debe brindar detalles específicos.

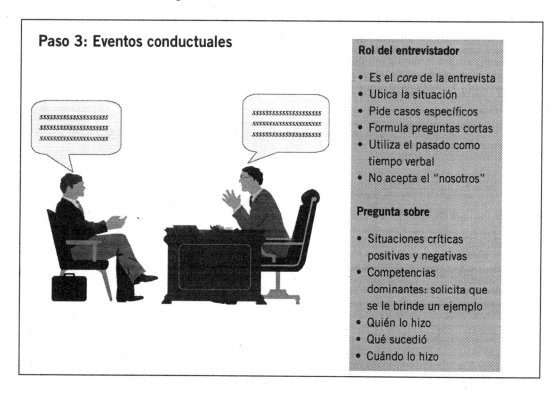

Para obtener una historia completa, es esencial obtener las respuestas a las siguientes cinco preguntas clave:

1. "¿Cuál fue la *situación*? ¿Qué lo condujo a ella?"
2. "¿Quién estaba implicado?"

3. "¿Qué *pensó* o *quiso* hacer en la situación?" (el entrevistado). Debe interesarse en las percepciones y sentimientos de la persona con respecto a la situación y a las personas implicadas.
   - Cómo se sentía la persona con respecto a los demás o con respecto a la situación.
   - Cómo se *sentía* la persona (por ejemplo: asustada, confiada, nerviosa).
   - ¿Qué *quería* hacer la persona? ¿Qué la motivó en la situación (por ejemplo: hacer algo mejor, impresionar al jefe)?
4. "¿Qué *hizo* o *dijo* realmente?" En esta instancia debe interesarse en las habilidades que demostró la persona.
5. "¿Cuál fue el resultado? ¿Qué sucedió?"

Más consejos

- Formule preguntas que conduzcan al entrevistado hacia una situación real. Centre al postulante en situaciones pasadas reales y no en respuestas hipotéticas, abstracciones y supuestas conductas que pudieron haberse adoptado.
- Si el entrevistado brinda respuestas hipotéticas, siempre indague al respecto repreguntado, solicitando un *ejemplo específico*.
- Solicite *hechos*: "¿*Quién* dijo eso? ¿*Dónde* sucedió? ¿*Cómo* la convenció? ¿*Qué sucedió* después?". Solicitar tiempo, lugar y actitud suele ayudar al entrevistado a recordar el episodio, ya que por lo general todas las personas recuerdan algo de lo que realmente ocurrió. Al repreguntar, por ejemplo, sobre "¿Qué sucedió después?", usted no se queda con la primera referencia que hizo el entrevistado sino que puede obtener un relato de todo el episodio.
- Formule preguntas cortas y claras y una a la vez. Utilice el verbo en tiempo pasado. Nunca en presente o futuro.
- Ejemplos de preguntas: "¿*Quién* hizo eso?" "¿*Qué* sucedió?" "¿*Cómo* hizo eso?" "¿*Cuándo* lo hizo?" o "¿*Qué* pensaba *en ese momento*?"
- Indague sobre el típico "nosotros" preguntando: "¿*Quién*, específicamente?", para descubrir qué hizo la persona. Usualmente los entrevistados dicen "nosotros" y quizá están acostumbrados a hablar así porque trabajan en equipo, y cuando se realizan presentaciones en la compañía es correcto usar el "nosotros", pero no en este caso, ya que se desea evaluar al entrevistado y no al grupo de trabajo al cual pertenece. Usted debe preguntar de inmediato: "¿Quién es nosotros? ¿Quién fue? ¿Cuál fue su fun-

ción en la situación? ¿Qué hizo usted?" (por ejemplo: en la preparación de un informe o una presentación).

➪ Cómo actuar con entrevistados "que manejan la entrevista" (los hemos llamado dominantes en el Capítulo 1), usualmente personas de ventas y/o muy buenos managers. En ocasiones, no dejan de generalizar sobre el estado del negocio o del mundo, su filosofía de dirección, y cosas por el estilo. Nada de esto, por supuesto, tiene utilidad desde el punto de vista de la B.E.I. Lo que usted puede hacer es interrumpirlo. Sea muy directo con respecto a lo que usted quiere: "Necesito que me cuente sobre una *situación específica* en la que usted estuvo *personalmente implicado*".

Paso 4. Características necesarias para desempeñarse en el puesto. Solicitarle al entrevistado que desde su óptica nos dé el perfil requerido para que una persona se desempeñe con éxito en el puesto que él ocupa actualmente. Este paso tiene dos objetivos:

1. Obtener situaciones críticas adicionales sobre temas que se mencionaron o situaciones adicionales sobre temas ya relevados. Recuerde que cuantos más relatos logre recoger, más certezas tendrá sobre el relevamiento efectuado.
2. Hacer sentir al entrevistado que usted lo valora al pedirle su opinión.

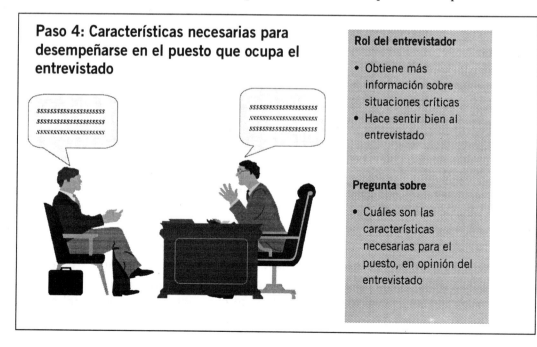

Paso 4: Características necesarias para desempeñarse en el puesto que ocupa el entrevistado

Rol del entrevistador
- Obtiene más información sobre situaciones críticas
- Hace sentir bien al entrevistado

Pregunta sobre
- Cuáles son las características necesarias para el puesto, en opinión del entrevistado

Paso 5. Conclusión y resumen

Conclusión. Cierre la entrevista agradeciéndole al entrevistado por su tiempo y por la información suministrada. Aproveche el cierre de la reunión para un nuevo comentario tranquilizador, sobre todo si la persona entrevistada tiene algún motivo de preocupación.

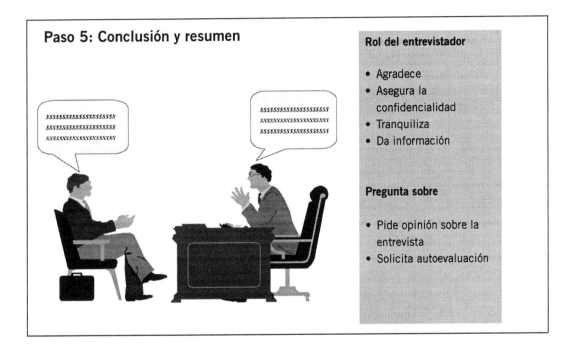

Consejos sobre el registro de la entrevista B.E.I.

Resumen por escrito. Como se ha dicho para cualquier tipo de entrevista, pase en limpio sus notas inmediatamente después de finalizada la reunión.

Resuma los datos de la entrevista.

1. *Introducción y descripción de las tareas y responsabilidades.* Escriba el nombre, el puesto y el título del entrevistado. Mencione las responsabilidades laborales en líneas generales. Agregue cualquier ejemplo para cada tarea o responsabilidad por escrito.

2. *Eventos conductuales.* Aun si usó grabador, no se confíe totalmente en el aparato y tome notas. Escriba los eventos conductuales de la manera más ordenada que sea posible.

3. Utilice las palabras del entrevistado para describir sus comportamientos.

4. Tome nota de todo lo relevante y de toda otra información que crea pueda serle útil sobre la entrevista o para luego realizar el informe.

5. Tome nota de todo lo que el entrevistado le haya dicho sobre el puesto y en el cierre de la reunión.

REGISTRO DE UNA ENTREVISTA B.E.I.   Hoja_____

Nombre del entrevistado: _____

INICIO DE LA ENTREVISTA (Inicio y exploración sobre formación y experiencia)

Pregunta abierta de inicio: *Cuénteme sobre su historia laboral* ....

....

....

....

....

....

....

....

....

Repregunta sobre puntos específicos de interés, ya sea estudios, conocimientos o experiencia, alguno o todos a la vez según lo que se desee explorar /evaluar ....

....

....

....

....

....

....

....

....

....

....

En esta sección de la entrevista se comprueban los datos del currículum, experiencia laboral y otros conocimientos. Se registra lo más relevante en relación con el perfil.

REGISTRO DE UNA ENTREVISTA B.E.I.   Hoja _____

Nombre del entrevistado: _____

SEGUNDA PARTE DE LA ENTREVISTA (Eventos conductuales)

En esta segunda sección se le deben solicitar al evaluado/entrevistado eventos conductuales. El entrevistado debe describir detalladamente cinco o seis situaciones importantes de su trabajo, dos o tres puntos sobresalientes y dos o tres puntos de actuación deficiente.

Eventos conductuales sobresalientes (positivos): descripción de los mismos y por qué los ha elegido (solicitar como mínimo dos):

....
....
....
....
....
....
....

Eventos conductuales de deficiente actuación[5] (negativos): descripción de los mismos y por qué los ha elegido (solicitar como mínimo dos):

....
....
....
....
....
....
....
....

---

5. Los autores en general se refieren a "fracaso", prefiero utilizar la expresión "actuación deficiente" o "no éxito".

REGISTRO DE UNA ENTREVISTA B.E.I.   Hoja _____

Nombre del entrevistado: _____

TERCERA PARTE DE LA ENTREVISTA (Evaluación específica de las competencias dominantes)

Se estiman seis competencias dominantes; si el número fuese mayor será necesario disponer de más hojas con el diseño que se muestra a continuación.

Nombre de la competencia:... Grado: ....

Descripción de la conducta ....
....
....

Pregunta 1:
....
....
Respuesta (conducta asociada)
....

> Utilizar esta sección tantas veces como competencias se evalúen. Por ejemplo: seis competencias = seis hojas, con nombre de la competencia y grado, las preguntas y las respuestas.

Pregunta 2:
....
....
Respuesta (conducta asociada)
....

Pregunta 3:
....
....
Respuesta (conducta asociada)
....

Pregunta 4:
....
....
Respuesta (conducta asociada)
....
....

REGISTRO DE UNA ENTREVISTA B.E.I.

Hoja _____

Nombre del entrevistado: _____

ÚLTIMA PARTE DE LA ENTREVISTA Y CIERRE (Conclusiones del evaluado)

Como cierre de la entrevista solicitar al entrevistado que relate cuáles son sus necesidades y motivaciones en torno al puesto y al trabajo en sí (dentro de sus perspectivas personales y de vida) y por último sus conclusiones sobre la entrevista (no sobre el entrevistador, si desea puede hacerlo): cómo se evalúa a sí mismo sobre las competencias evaluadas. Se sugiere preguntar sobre las competencias dominantes y los puntos clave del perfil.

Comentarios del evaluado sobre sus necesidades

....
....
....
....
....
....
....
....
....

Comentarios del evaluado en cuanto a sus competencias

....
....
....
....
....
....
....
....

Firma del evaluador .... Tiempo de la entrevista: .... horas .... minutos

CAPÍTULO 25

LA TÉCNICA DEL TRABAJO
DURANTE LA ENTREVISTA

¿Qué es "hacer el trabajo" durante la entrevista?

Hemos desarrollado este tema en otro libro[1] destinado a *buscadores de empleo*; ahora nos ocuparemos del mismo desde la óptica del que elige un nuevo colaborador.

Si usted no es el responsable de Recursos Humanos ni un asesor, sino que es el futuro jefe del postulante, puede plantearle algún problema real que usted tenga en ese momento y pedirle que lo ayude a solucionarlo. La idea es plantearle al candidato, en la entrevista definitiva, que se considere a sí mismo como consultor.

Desde ese lugar debe comprender las necesidades del "cliente" y probar que pueden satisfacerlas.

Realizar el trabajo durante la entrevista definitiva[2]

Como usted sabe, un postulante deberá pasar varias instancias de entrevista durante un proceso de selección: una entrevista preliminar que puede ser con un consultor o directamente con el área de Recursos Humanos; una segunda entrevista, y la entrevista directa con el que será responsable del puesto que se necesita cubrir, ge-

---

1. Alles, Martha Alicia, *La entrevista laboral,* Ediciones Granica, Buenos Aires, 1999.
2. La entrevista definitiva no necesariamente es la última en el proceso de una búsqueda. Es aquella en la cual se define la contratación de la persona y se realiza –en general– con el futuro jefe o jefe del jefe.

neralmente el jefe directo, que se suele llamar entrevista definitiva, porque es la que determina si el postulante obtendrá o no el puesto, aunque no es el último encuentro con él (la última instancia es la oferta final).

No creemos conveniente la utilización de esta técnica por un consultor, un *head hunter* o el responsable de Recursos Humanos de la empresa.

Hacer el trabajo durante la entrevista no es igual que *un caso*[3]; por el contrario, se le plantea al entrevistado una situación real, un problema concreto que a usted le sucede en ese momento y sobre el cual usted mismo no conoce la solución aún. El postulante lo ayudará a resolverlo.

Método 1: sin preparación previa por parte del postulante

Si su compañía no es proclive a dar información a personas que no pertenezcan aún a la nómina, usted puede preparar una o más opciones y decidir durante la entrevista cuál usar. La presentación del problema será verbal y, si se recurre a documentos escritos, sólo se exhiben y no se entregan.

En este caso deberá tener en cuenta que la persona no tenía información previa y que si realmente estuviese trabajando para usted estaría más familiarizado con la problemática interna. De todos modos usted podrá apreciar el grado de afinidad con el futuro colaborador según su estilo para abordar los problemas.

Método 2: de presentación estructurada

Si puede presentar la suficiente información antes de la entrevista, podrá obtener una presentación estructurada. En ese caso usted podrá evaluar, además del enfoque de solución planteado, el estilo de presentación utilizado.

Recuerde que en ambos casos es importante:
- asegurarse de que el candidato ha comprendido el trabajo que debe realizar;
- evaluar que el candidato puede realizar el trabajo;
- evaluar que el candidato puede realizar el trabajo de la forma que la compañía desea y de acuerdo con su estilo de *management*;
- evaluar el grado de aporte que el nuevo colaborador realizaría a la compañía en caso de trabajar en ella.

---

3. El caso a resolver en un proceso de selección es una técnica que se utiliza en reemplazo de un examen, cuando el nivel del candidato no permite tomar una prueba técnica. Se le entrega al candidato un caso teórico que resuelve, y luego entrega. Frecuentemente no tiene una única solución e interesa ver cómo se plantea el problema y el análisis realizado.

Manejar un problema real

Utilizar cualquiera de los dos métodos comentados permite al futuro jefe evaluar mejor a su futuro colaborador.

Usted debe plantearle claramente al candidato que se trata de un problema real, que si bien no espera que lo resuelva, será de mucha utilidad para *determinar si pueden realmente trabajar juntos.*

Es de vital importancia que deje en claro qué le está proponiendo y el alcance de lo que usted espera. Además debe pedir confidencialidad de los datos y de la reunión. Si no está seguro de eso, no siga adelante. Este es el último paso antes del "sí", por lo tanto debe poder confiar en él.

CÓMO RESOLVER UN PROBLEMA REAL

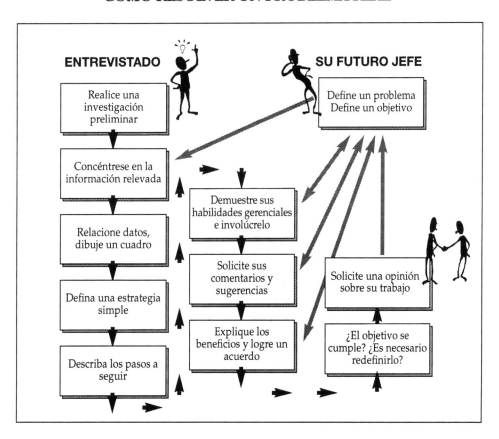

Fuente: *La entrevista laboral*, Ediciones Granica, Buenos Aires, 1999.

Mientras el entrevistado piensa o evalúa la respuesta no se ponga a hacer otra cosa, parecerá que usted no está interesado en él. Trátelo como si ya fuera de su equipo.

¿Cuál es el aporte que puede realizar un nuevo colaborador?

Nick Corcodilos[4] plantea un concepto interesante: cuál es el "valor" que una persona puede aportar a un empleo. En base a esta idea hemos elaborado el cuadro siguiente, que puede utilizarse como guía en una entrevista.

CÓMO DETERMINAR EL VALOR AGREGADO

Una persona debe ser capaz de explicar el trabajo que realiza para que los demás puedan comprenderlo. Pregúntele:

- ¿Qué producto o servicio vende su compañía?
- ¿Cómo es, comparado con la competencia?
- ¿Qué aportan usted y su grupo a los objetivos de la compañía?
- ¿Qué capacidades usted valora de su gente?
- ¿Qué acciones de capacitación prevé para su equipo?

- ¿Cómo maneja a su equipo para asegurar el cumplimiento de los objetivos?
- ¿Cómo comunica sus resultados?
- ¿Cómo maneja el presupuesto de gastos?
- ¿Cómo prepararía una presentación de su sector a eventuales compradores de la compañía?

Fuente: *La entrevista laboral*, Ediciones Granica, Buenos Aires, 1999.

Las preguntas que le presentamos son básicas y pensando en un entrevistado de nivel gerencial o jefatura intermedia. Las mencionadas preguntas variarán si el entrevistado es un joven profesional, una secretaria o un gerente general. Con esta guía el lector podrá preparar su propia lista de preguntas.

---

4. Corcodilos, Nick A., *Ask the headhunter, reinventing the interview to win the job*, A plume book, Penguin Group, Nueva York, 1997.

Por último

Este tipo de entrevista o herramienta lleva mucho tiempo y compromiso de las partes; sólo aconsejamos su utilización cuando exista una fuerte predisposición favorable sobre el candidato y un consenso generalizado de que nos encontramos frente al finalista.

¡No tome al candidato equivocado!

¡No pierda su tiempo tratando de aceptar al postulante equivocado!

De vez en cuando, se encontrará con una situación de entrevista realmente difícil; después de haber analizado toda la información disponible sobre el candidato, que en una primera instancia parecía interesante, puede llegar a encontrarse con un candidato inadecuado para el puesto.

Utilice las preguntas mencionadas anteriormente para eliminar a las personas equivocadas antes o durante la entrevista. Si usted está en lo que llamamos la entrevista definitiva, si es el futuro jefe del candidato y éste no puede demostrar cómo realizará la tarea que se le plantea, primero asegúrese de que usted mismo fue claro, de que hizo el planteo correcto. Si es así y el candidato no lo satisface, déjelo ir y entreviste al siguiente postulante.

PARTE III

EJERCITACIÓN

CAPÍTULO 26

EL REGISTRO DE LA ENTREVISTA

UN CASO COMPLETO DESDE EL PERFIL HASTA LA SÍNTESIS

El ejemplo que incluimos a continuación contiene todos los pasos de una búsqueda:

- El perfil por competencias relevado de la búsqueda.
- El anuncio publicado en relación con el perfil.
- El currículum de un postulante interesado en participar en la búsqueda.
- La entrevista. Un fragmento de diálogo relevante.
- El registro de la entrevista por competencias.[1]

Tiene como único propósito plantear un caso completo de los *registros* de una búsqueda. La entrevista del ejemplo no se incluye en el esquema de competencias; en el Capítulo 21 hemos presentado un ejercicio para comparar competencias como resultado de una entrevista, que nos proporciona herramientas para una comparación entre candidatos.

---

1. El formulario utilizado para la realización de este ejercicio es similar al del Capítulo 16; difiere solamente la hoja 5, adaptada al Registro de la entrevista por competencias.

EL PERFIL

RELEVAMIENTO DEL PERFIL POR COMPETENCIAS
(hoja 1)

Fecha: 9 | 11 | 02

Cliente:	*DULCES ALIMENTOS S.A.*
Búsqueda:	*Gerente comercial*
Contacto:	*Lic. Pablo Golan*
Socio referente:	—

OBJETIVO DEL PUESTO
Será responsable de la gestión comercial de la compañía.
Controlará y supervisará los departamentos de Ventas y Marketing.

DESCRIPCIÓN DEL CARGO
Dependencia
Línea: *Gerente regional de Ventas para América Latina*
Funcional: *La misma*
Sectores a cargo: *Ventas y Marketing*

DIBUJO DEL ORGANIGRAMA

```
              Gerencia regional de Ventas
                         |
                 Gerencia comercial
                  /              \
     Departamento de Marketing    Departamento de Ventas
              |                     /              \
       Trade Marketing   Canales de supermercados   Pequeños negocios
```

RELEVAMIENTO DEL PERFIL POR COMPETENCIAS
(hoja 2)

DESCRIPCIÓN DEL CARGO (continuación)

Principales funciones:

Coordinar la gestión de marketing y ventas.

Liderar el equipo de ventas de la compañía.

Desarrollar y optimizar el servicio posventa a los clientes (especialmente hiper y supermercados).

Supervisar la administración de ventas (pedidos, entregas a clientes, facturación, cobranzas, etc.).

Desarrollar políticas de marketing y promoción por línea de producto, teniendo en cuenta la actividad de la competencia.

Ejecutar políticas de trade marketing y category management.

PLAN DE CARRERA
En .....1..... años   Back up de su jefe
En .....3..... años   Reemplazo de su jefe
En .... años

REQUISITOS

Experiencia (tipo de empresa, funciones, número de años):

Desarrollada en empresas que producen artículos de consumo masivo en el país, preferentemente en los rubros alimentario, de higiene y limpieza, como mínimo durante 5 años

Muy buen conocimiento de canales de supermercados e hipermercados

Haber trabajado con grandes equipos de ventas

Conocimientos generales de la gestión de administración de ventas

Haber trabajado con políticas de trade marketing y category management

Aptitudes:

Relación interpersonal. Habilidad para motivar equipos de trabajo

Orientado a resultados

RELEVAMIENTO DEL PERFIL POR COMPETENCIAS
(hoja 3)

EDUCACIÓN

Secundaria

Universitaria
Licenciado en Administración de Empresas

Posgrados
Sería un valor agregado algún posgrado en Gestión Comercial o Marketing

Conocimientos especiales

PC
Manejo completo de paquete Office, Windows 2000
Comunicaciones vía e-mail/Internet

Idioma	Lee	Escribe	Habla	Bilingüe
Inglés	*muy bien*	*muy bien*	*muy bien*	
Francés				
Portugués				
Alemán				
Otro				

Indicar: muy bien / bien / regular

Otros requisitos

| Edad (rango) Entre ......35.......... años y ....45......... años | X |

Sexo: Varón ☐ Mujer ☐ Indistinto ☐

Domicilio: *Residente en Capital Federal o Gran Buenos Aires*

Disponibilidad para viajar: *viajes cortos pero periódicos*

Disponibilidad para mudarse: *no se requiere*

RELEVAMIENTO DEL PERFIL POR COMPETENCIAS
(hoja 4)

RESPONSABILIDAD DEL CARGO

	Informar	Colaborar	Controlar	Convencer
Superiores	X			
Colegas		X		
Colaboradores		X	X	
Clientes		X		X
Proveedores			X	
Otros				

CARACTERÍSTICAS DEL ENTORNO SOCIAL

Jefe:
No trabaja en el país
Su comunicación más fuerte será por medio de informes de gestión

Clientes más importantes:
Supermercados e hipermercados, en un marco difícil, competitivo y de "lucha" continua

Colegas:
Un gerente administrativo financiero
Trabajarán en mutua colaboración, brindando la información necesaria para una correcta gestión. Buen clima laboral interno

Proveedores:

Supervisados:
Equipos con gran experiencia en comercialización y especializados en marketing. Sana competencia entre ellos
Uno –quizá– espera la promoción para el puesto requerido, pero no se prevé una situación conflictiva

RELEVAMIENTO DEL PERFIL POR COMPETENCIAS
(hoja 5)

COMPETENCIAS REQUERIDAS	Grado				No relevada
	A	B	C	D	
Alta adaptabilidad - Flexibilidad	X				
Capacidad de aprendizaje		X			
Colaboración	X				
Competencia - Capacidad		X			
Dinamismo - Energía	X				
Empowerment		X			
Franqueza - Confiabilidad - Integridad	X				
Habilidad analítica		X			
Iniciativa - Autonomía - Sencillez	X				
Liderazgo	X				
Modalidades de contacto	X				
Nivel de compromiso - Disciplina personal	X				
Orientación al cliente interno y externo	X				
Productividad			X		
Responsabilidad	X				
Tolerancia a la presión	X				
Trabajo en equipo	X				
Visión estratégica	X				
Otras					

A: Alto   B: Bueno   C: Mínimo necesario   D: Insatisfactorio

ASPECTOS ECONÓMICOS DE LA POSICIÓN

Salario: $ 6.500

Variable

Bonus: *de 2 a 3 sueldos en función del cumplimiento de objetivos del negocio*

Otros: *gastos de movilidad*

EL ANUNCIO

Selección de alta complejidad

Para empresa multinacional de consumo masivo

Gerente comercial

Serán sus funciones desarrollar políticas de *marketing* y promoción por línea de producto, aplicando los conceptos de *trade marketing* y *category management* como la herramienta de gestión. Deberá planificar equipos comerciales y canales de distribución y supervisará la administración de ventas.

Nos orientamos a un profesional con experiencia de 5 años en funciones similares en empresas de **consumo masivo** –excluyente–. Se requiere muy buen dominio del idioma inglés y conocimiento de herramientas informáticas.

La posición implica un fuerte desafío profesional en una institución que privilegia el desarrollo. El nuevo colaborador se integrará a un *staff* de reconocido prestigio.

Rogamos el envío –**urgente**– de antecedentes completos, ÚNICAMENTE por e-mail. Absoluta reserva.

Tucumán 1484 - 4º "E" (C 1050AAD). Bs. As. Argentina
Tel. (54 11) 43.71.64.17
e-mail: curriculum@winwin.com.ar
www.winwin.com.ar

Cristian P. Gatti
Av. Santa Fe 3875 (1425) Capxital Federal - Tel.: 4473-3760

Estudios
Posgrado en *Marketing Estratégico*, UCES (1992).
Licenciado en Administración de Empresas, Universidad de Buenos Aires (1983).

Idiomas
Muy buen dominio oral y escrito del idioma *inglés*.
Comprensión oral de *portugués*.

Antecedentes laborales

NABISCO S.A.

Gerente de Trade Marketing   *03-94/Actual*

Desarrollo e implementación de políticas de trade marketing y category management. Presentaciones anuales junto con la gerencia de Ventas de los resultados alcanzados por cliente-canal-tendencias ante las cuentas clave de la compañía (supermercados-hipermercados). Elaboración de planes de acción a ejecutarse junto con la fuerza de ventas. Delinear por línea de producto estrategias comerciales para el mejor posicionamiento de las marcas.

Jefe de Ventas   *06-92/02-94*

Manejo de negociaciones con grandes clientes. Relaciones con Cámaras. Dirección y coordinación del equipo de ventas.

PAPELERA DEL PLATA

Jefe de Ventas   *10-88/06-92*

Redefinición de la política comercial de la compañía, haciendo hincapié en los conceptos de atención al cliente y optimización de recursos. Comercialización de los productos a nivel país a través de los distintos canales (supermercados, mayoristas y minoristas).

SC JOHNSON & SON

Ejecutivo de cuentas senior   *08-84/09-88*

Datos personales
Fecha de nacimiento: 07-11-59
Estado civil: casado
DNI: 68.336.952

LA ENTREVISTA: EL DIÁLOGO

E: Entrevistador
CG: Cristian Gatti

E: Usted ha contestado al aviso de gerente comercial que hemos publicado hace quince días y por este tema es que lo estoy convocando, con la finalidad de conocerlo, ampliar los datos que surgen del CV y ver cuáles son sus expectativas. Si le parece bien comenzamos por su historia laboral de los últimos años... Lo escucho.
CG: Bueno, como usted puede observar en mi currículum, actualmente estoy trabajando en Nabisco como gerente de *Trade Marketing*, tengo a mi cargo cinco personas que me reportan en forma directa.
E: ¿Qué posición ocupan estas personas dentro de la organización?
CG: Bueno, hay dos coordinadores de *Trade Marketing*, cada uno trabaja con un junior que los asiste en distintas tareas y un senior que trabaja exclusivamente conmigo en colaboración con los coordinadores. Personalmente colaboré activamente con la gerencia de Recursos Humanos en la selección e incorporación de los mismos. La idea es trabajar en constante colaboración, de lo contrario sería muy difícil sacar tanto trabajo adelante.
E: ¿Cómo se lleva con las personas que usted supervisa?
CG: Muy bien, eso creo. Hay mucho respeto por lo que realiza cada uno en la tarea diaria, y me importa mucho que estén motivados para cumplir con sus objetivos. Esto a mi modo de ver se logra a través del reconocimiento de las metas cumplidas.
E: Usted me habló de participar activamente en la selección de la gente a su cargo. ¿Hay tipos de personas con las cuales prefiere trabajar?
CG: Sí. Preferentemente que sean profesionales o estudiantes avanzados en el caso de los más jóvenes. En general ha sido gente muy proactiva y creativa. No estoy acostumbrado a trabajar con gente meramente operativa, ya que me gusta hacer participar a todos en la generación de ideas, como beneficio para el departamento.
E: ¿Cuáles son sus responsabilidades más importantes?
CG: Fundamentalmente posicionar a la compañía como un proveedor confiable, cuyos productos y categorías son líderes en el mercado. Esto es lo que le da sentido a la gerencia. Trabajamos en esta tarea fuertemente ligados a la gerencia de Ventas, que es el interlocutor directo y último con nuestros clientes.
E: ¿Usted tiene algún grado de contacto con esos clientes?
CG: Sí, por supuesto, especialmente cuando se trata de cuentas clave; como usted sabrá, hoy las grandes cadenas de supermercados tienen mucho poder de nego-

ciación, por lo tanto trabajo activamente en proponer alternativas o acuerdos comerciales que contemplen los intereses de la compañía y se acerquen a lo que el cliente espera de nosotros como proveedores. Son negociaciones muy arduas, de meses algunas, que nos enfrentan a personas con una visión empresaria muy distinta de la que tienen, en general, compañías multinacionales como Nabisco.

E: ¿Qué otras funciones relevantes de la posición me puede nombrar?

CG: Practico constantemente políticas de trade marketing, en función de los exhaustivos análisis que realizamos. Hace poco incorporamos el category management como herramienta de gestión. También asesoramos a toda la fuerza de ventas acerca de los planes de acción a ejecutarse, que se definen previamente junto con gerencia de Marketing.

....

E: ¿Cuánto está ganando actualmente?

CG: 5.500 pesos brutos.[2]

E: ¿Tiene algún beneficio?

CG: Sí, hay un régimen de *bonus* por cumplimiento de objetivos que puede llegar hasta cuatro sueldos; la compañía me da un coche y responde por mis gastos de representación.

E: ¿Qué posibilidades tiene de crecer en la compañía?

CG: Espero a la gerencia comercial, pero no será posible antes de tres años.

....

E: Cuénteme un poco de su experiencia en Papelera del Plata...

CG: Bueno, trabajé allí cuatro años como jefe de Ventas. Mi tarea más relevante fue optimizar la relación de la compañía con supermercados e hipermercados, que estaba muy desgastada por la falta de objetivos y planificación comercial por parte de la gerencia. Creo haber logrado buenos resultados en este sentido.

E: ¿Como cuáles?

CG: Se incrementó fuertemente la presencia de nuestros productos en algunas cadenas de supermercados con las cuales prácticamente habíamos perdido todo posicionamiento, negociando desde precios hasta ubicación de los productos en los exhibidores. Esto último fue uno de mis primeros pasos en el trade marketing. En casi todos los casos logré obtener los resultados propuestos por mí a la compañía.

E: ¿Cómo estaba conformado el departamento de Ventas?

CG: Había dos coordinadores que me reportaban directamente, uno más enfocado

---

2. En el diálogo se hace referencia a valores expresados en pesos argentinos. Los valores no son importantes en el presente ejercicio, donde el propósito fundamental es el análisis en sí del caso. Frente a un caso real deberá tener en claro los aspectos económicos tanto en el momento del relevamiento del perfil como en las entrevistas a posibles candidatos.

a canales tradicionales y otro asignado a canales alternativos. A su vez había un equipo de vendedores compuesto por quince personas.

....

E: ¿Qué lo está motivando a evaluar un cambio laboral?
CG: Creo estar preparado para asumir hoy una gerencia comercial. No estoy encarando activamente una búsqueda laboral, pero sí estoy atento a las alternativas que puedan presentarse. El aviso publicado por ustedes me pareció muy interesante y creo cubrir satisfactoriamente los requisitos del perfil.
E: Usted me comentó que como proyección de su carrera aspira en su actual compañía a la gerencia comercial. ¿Por qué, sin embargo, busca alternativas afuera?
CG: Sí, las posibilidades están, pero sólo de acá a tres años. Como no me interesa hoy hacer un movimiento horizontal dentro de la estructura, y tres años es mucho tiempo, me estoy abriendo prudentemente al mercado. Además, estoy convencido de poder ocupar hoy una posición de esas características.
E: ¿Qué idea tiene respecto del salario?
CG: Como con el cambio crecen las responsabilidades, creo que entre 6.500/7.000 pesos brutos más beneficios podría ser un número para empezar a conversar.
E: ¿Qué debo entender por beneficios?
CG: Los que actualmente tengo, como un régimen de *bonus*, gastos de representación u otros que su empresa-cliente en particular esté manejando como parte de un paquete salarial.

....

E: ¿Qué más debería saber sobre usted?
CG: Creo que es interesante comentarle un proyecto que tuve a mi cargo hace unos meses. Consistió en la aplicación de un nuevo sistema comercial para la compañía, para lo cual me nombraron jefe de proyecto.
E: ¿Por qué cree que le asignaron a usted ese proyecto?
CG: Creo que en primer lugar jugó a mi favor el conocer en profundidad varios de los departamentos comerciales de la compañía, como la gerencia de Ventas y la de Trade Marketing. En segundo lugar, una de mis fortalezas es la capacidad de organizar y planificar tareas de cierta complejidad.
E: Bueno, como sabrá, he seleccionado una serie de cartas para este primer paso del proceso de selección. La idea es al final de esta etapa determinar con quiénes estaremos avanzando hacia una segunda instancia de entrevistas con la Dra. Martha Alles, directora de la consultora. Calculo que a fines de la semana estaríamos tomando una decisión. De tener novedades positivas nos comunicaríamos con usted nuevamente para agendar una segunda reunión.

LA ENTREVISTA: EL REGISTRO

winwin Selección
marthaalles Recursos Humanos

REGISTRO DE LA ENTREVISTA POR COMPETENCIAS
(hoja 1)

Fecha: 18 / 12 / 02

Entrevistado:	*Cristian Gatti*
Título:	*Licenciado en Administración - UBA*
	Master en Marketing - UCES
Idiomas:	*Inglés - muy bien*
Edad:	*43 años*
Posición requerida:	*Gerente comercial*

TRABAJO ACTUAL (último)

Gerente de Trade Marketing

EMPRESA: *NABISCO S.A.*

Ramo:	*alimentario*	Facturación anual:	*$ 80.000.000*
N° de empleados:	*650*	Otros:	

DESCRIPCIÓN DEL CARGO
Dependencia

Línea: *Gerente comercial*

Funcional: *la misma*

Sectores a cargo:

2 coordinadores de Trade Marketing, 1 senior y 2 juniors

Dibujo del organigrama

```
                    Gerente comercial
          ┌──────────────┼──────────────┐
   Gerente de Ventas  Gerencia de    Gerencia de Marketing
                      Trade Marketing
                            │
                         Senior
                    ┌───────┴────────┐
         Coordinador de        Coordinador de
         Trade Marketing       Trade Marketing
              │                      │
           Junior                 Junior
```

EL REGISTRO DE LA ENTREVISTA

 **REGISTRO DE LA ENTREVISTA POR COMPETENCIAS** (hoja 2)

Entrevistado: *Cristian Gatti*

DESCRIPCIÓN DEL CARGO (continuación)
Principales funciones:

Junto con Ventas posicionar a la compañía como un proveedor confiable y líder en sus categorías

Llevar a cabo políticas de trade marketing y category management en los distintos puntos de venta

Con Ventas realizar presentaciones anuales de los resultados alcanzados por cliente-canal-tendencias en las cuentas clave

Asesorar a la fuerza de ventas en lo que respecta a planes de acción a ejecutar

Fluido contacto con el canal supermercadista

PLAN DE CARRERA: Personal [   ]   En la organización [X]
En .....3..... años   Gerencia comercial
En .... años
En .... años

EXPERIENCIA ANTERIOR RELEVANTE (tipo de empresa, funciones, número de años)

Entre los años '88 y '92 trabajó en Papelera del Plata como jefe de Ventas

Tuvo a su cargo un equipo de ventas conformado por dos coordinadores y quince vendedores

Los principales clientes eran hipermercados y supermercados

REGISTRO DE LA ENTREVISTA POR COMPETENCIAS
(hoja 3)

Entrevistado: *Cristian Gatti*

RESPONSABILIDAD DEL CARGO

	Informar	Colaborar	Controlar	Convencer
Superiores	X			
Colegas	X	X		
Colaboradores		X	X	
Clientes		X		X
Proveedores			X	
Otros				

CARACTERÍSTICAS DEL CONTEXTO SOCIAL

Jefe:
Gerente comercial, es un estadounidense, se ha apoyado mucho en la gestión de Gatti por su escaso conocimiento del mercado argentino en sus primeros años en el país

Clientes más importantes:
Grandes cadenas de supermercados e hipermercados

Colegas:
Trabaja en constante colaboración con la gerencia de Ventas y Marketing
Si bien el clima laboral es de fuerte competencia, no es conflictivo

Proveedores:

Supervisados:
Tiene un buen equipo formado por gente que él colaboró para seleccionar y entrenar

REGISTRO DE LA ENTREVISTA POR COMPETENCIAS
(hoja 4)

Entrevistado: *Cristian Gatti*

EDUCACIÓN

Secundaria

Colegio Nacional Pellegrini, perito mercantil

Universitaria

Licenciado en Administración de Empresas - UBA

Posgrados

Posgrado en Marketing Estratégico - UCES

Conocimientos especiales

P.C.

Uso fluido de los utilitarios del paquete Office

Idioma	Lee	Escribe	Habla	Bilingüe
Inglés	*muy bien*	*muy bien*	*muy bien*	
Francés				
Portugués				
Alemán				
Otro				

Indicar: muy bien / bien / regular

Lugar de residencia:

Capital Federal, Zona Norte

Disponibilidad para viajar: *Sí*

Disponibilidad para mudarse: —

Movilidad propia: *Sí*

Estado civil: *Casado*   Cantidad de hijos: *2*

240 ELIJA AL MEJOR

REGISTRO DE LA ENTREVISTA POR COMPETENCIAS
(hoja 5)

Entrevistado: *Cristian Gatti*						
COMENTARIOS FINALES						
Presentación general: *Buena*						
Expresión verbal: *Muy buena* Contacto: *Fluido*						
COMPETENCIAS RELEVADAS						

	Requerida por el perfil	Grado				No relevada
		A	B	C	D	
Alta adaptabilidad - Flexibilidad	A		X			
Capacidad de aprendizaje	B		X			
Colaboración	A					X
Competencia - Capacidad	B		X			
Dinamismo - Energía	A	X				
Empowerment	B		X			
Franqueza - Confiabilidad - Integridad	A					
Habilidad analítica	B					X
Iniciativa - Autonomía - Sencillez	A	X				
Liderazgo	A		X			
Modalidades de contacto	A	X				
Nivel de compromiso - Disciplina personal	A	X				
Orientación al cliente interno y externo	A	X				
Productividad	B	X				
Responsabilidad	A	X				
Tolerancia a la presión	A	X				
Trabajo en equipo	A	X				
Visión estratégica						X
Otras						

A: Alto   B: Bueno   C: Mínimo necesario   D: Insatisfactorio

MOTIVACIÓN PARA EL CAMBIO

Económica	X	Problemas con el jefe	
Desarrollo de carrera	X	La empresa se muda lejos de su domicilio	
Tipo de empresa		Excesivos viajes	

REGISTRO DE LA ENTREVISTA POR COMPETENCIAS
(hoja 6)

Entrevistado: *Cristian Gatti*

Está sin trabajo		No está buscando trabajo	
Teme quedarse sin trabajo		Otros	

Comentarios: *Sus posibilidades de promoción son a mediano plazo*
Cree estar en condiciones de asumir hoy una gerencia comercial

Disponibilidad para el cambio: *necesita 15 días para desvincularse de la empresa actual desde la confirmación en el cargo*

ASPECTOS ECONÓMICOS

REMUNERACIÓN ACTUAL

Salario mensual/anual: *5.500 pesos brutos*

Variable:

Coche sí/no: *sí*   Gastos pagos: *de representación*

Bonus: *hasta 4 sueldos*

Otros:

PRETENSIONES

Su pretensión para el cambio oscila entre 6.200/6.500 pesos brutos

CONCLUSIONES

Resulta un candidato muy interesante para el puesto

Gatti ofrece un valor agregado doble, por su experiencia en consumo masivo y por su experiencia en Papelera del Plata

Conoce muy bien la operatoria comercial y está actualizado en las últimas herramientas de gestión

Entrevistó:	*Agustina L.*	Fecha:	*18-12-02*
2ª entrevista:	*Martha A.*	Fecha:	*27-12-02*

APÉNDICE

Principales preguntas aceptables y no aceptables en EE.UU.[1] o filiales de empresas estadounidenses

En la primera parte de este apéndice mostraremos cómo pueden presentarse preguntas de un mismo tema en forma "aceptable" o "no aceptable" en Estados Unidos.

A continuación enumeraremos las preguntas aceptables y las inaceptables, que nunca deberá formular si se debe realizar una entrevista en Estados Unidos o en una filial de una empresa de ese origen.

Aceptable: ¿Cuál es su nombre?

Inaceptable: ¿Cuál es su nombre de soltera?

Aceptable: ¿Cuál es su dirección?

Inaceptable: ¿Alquila o es dueño de su casa?

Aceptable: ¿Tiene más de 18 años?

Inaceptable: ¿Tiene más de 40 años?

Inaceptable: ¿Qué edad tiene?

Inaceptable: ¿Cuántos años hace que se graduó en la universidad?

Inaceptable: ¿Le molesta trabajar con un jefe más joven que usted?

---

1. Incluimos este detalle ya que muchos de nuestros lectores pueden verse expuestos a entrevistas en Estados Unidos o deberán aplicar estas prácticas en filiales locales de empresas estadounidenses.

Aceptable: ¿Si le ofrecemos el puesto, ¿puede presentar una verificación de su derecho legal de trabajar en los Estados Unidos de América?

Inaceptable: ¿Dónde nació?

Inaceptable: ¿Es usted ciudadano estadounidense?

Aceptable: ¿Cuántos idiomas puede hablar o escribir?

Inaceptable: Tiene un acento distinto. ¿De qué país proviene?

Inaceptable: ¿Cuál es su idioma materno?

Aceptable: Describa la función de su familia en su carrera.

Inaceptable: ¿Qué piensa su cónyuge de su carrera?

Inaceptable: ¿Cuál es su estado civil?, o ¿Es casado (divorciado/separado/ soltero)?

Aceptable: ¿Alguna vez lo condenaron por un crimen?

Inaceptable: ¿Alguna vez lo arrestaron?

Aceptable: ¿Es capaz de desempeñar responsabilidades esenciales del puesto?

Inaceptable: ¿Tiene discapacidades físicas?

Inaceptable: ¿Alguna vez recibió licencia por enfermedad?

Inaceptable: ¿Tiene problemas con el alcohol o las drogas?

Inaceptable: ¿Tiene HIV o SIDA?

Aceptable: ¿Cuál es su remuneración actual?

Inaceptable: ¿Cuál es su situación económica?

Inaceptable: ¿Su religión le impide trabajar los fines de semana o los feriados?

25 preguntas personales aceptables

1. Cuénteme sobre usted.
2. ¿Cuál era su materia preferida en el colegio?
3. ¿Tuvo un profesor favorito?
4. ¿Cómo se lleva con las personas?
5. ¿Con qué tipo de persona se lleva mejor?
6. ¿Qué revistas lee regularmente?
7. Describa su carácter.
8. ¿Cuál es el último libro que leyó?
9. ¿Cuál es la última película que vio?
10. ¿Qué hace para mantenerse en forma?

11. ¿Tiene algún problema de salud que puede limitar su habilidad para desempeñarse en este puesto?
12. ¿Qué le gusta hacer cuando no trabaja?
13. ¿Tiene algún hobby que lo pueda ayudar a desempeñarse en esta posición?
14. ¿Está satisfecho con su vida?
15. ¿Qué lo hace enojar?
16. ¿Cómo lo describirían sus compañeros de trabajo?
17. ¿Cómo maneja los conflictos?
18. ¿Cómo se comportaría si tuviera problemas con un compañero de trabajo?
19. Describa a su mejor amigo y qué hace él o ella para vivir.
20. ¿En qué se parece y se diferencia de su mejor amigo?
21. ¿Le gusta viajar?
22. ¿Cuáles son sus hobbies?
23. ¿Es usted una persona que alcanza los objetivos? Explique.
24. ¿Es usted introvertido o extravertido?
25. ¿Se establece objetivos para sí mismo?

74 preguntas personales inaceptables

Preguntas relacionadas con la edad
1. ¿Cuántos años tiene?
2. ¿Cuándo nació?
3. ¿Cuándo se casó?
4. ¿Cuántos años tienen sus hijos?
5. ¿Cuándo se graduó en la secundaria?
6. ¿Cuándo se graduó en la universidad?

Preguntas relacionadas con discapacidades
7. ¿Qué problemas de salud tiene?
8. ¿Tiene alguna discapacidad?
9. ¿Es usted saludable y fuerte físicamente?
10. ¿Tiene buen oído?
11. ¿Puede leer letras pequeñas?
12. ¿Tiene problemas en la espalda?
13. ¿Alguna vez le negaron el seguro médico?

14. ¿Cuándo fue la última vez que lo hospitalizaron?
15. ¿Algún miembro de su familia es discapacitado?
16. ¿Tiene SIDA?
17. ¿Alguna vez fue adicto a las drogas?
18. ¿Alguna vez solicitó licencia por enfermedad?
19. ¿Visita al médico con frecuencia?
20. ¿Cuándo fue su última revisión médica?
21. ¿Toma muchos medicamentos?

Preguntas relacionadas con el origen étnico
22. ¿Cuál es su nacionalidad?
23. ¿Tiene problemas en trabajar con ....
Mencionando color/sexo/raza de otra persona.
24. ¿Su apellido es irlandés (o lo que sea)?
25. ¿Es un problema para usted trabajar con personas de otra raza?
26. ¿De dónde son sus padres?
27. ¿Cuál es su idioma materno?
28. ¿En qué idioma hablan sus padres?
29. ¿Es usted bilingüe?
30. ¿Cuál es el origen de su nombre?
31. ¿En qué idioma habla en su casa?

Preguntas relacionadas con el estado civil
32. ¿Es casado?
33. ¿Es usted un hombre (o mujer) de familia?
34. ¿Piensa casarse pronto?
35. ¿Tiene hijos?
36. ¿Es usted un padre (o madre) soltero/a?
37. ¿Qué hace para el control de natalidad?
38. ¿Cuáles son sus planes de familia?
39. ¿Cuántas personas viven con usted?
40. ¿Vive solo?
41. ¿Tiene a alguien que puede ocuparse de sus hijos si se enferman?

Preguntas relacionadas con la religión

42. Esta es una compañía cristiana (o judía o musulmana). ¿Considera que sería feliz trabajando aquí?
43. ¿Su apellido es judío?
44. ¿Hay algún día de la semana que no pueda trabajar?
45. ¿Es miembro de alguna iglesia?
46. ¿Canta en el coro de la iglesia?
47. ¿Sus hijos asisten a catequesis?
48. ¿Puede trabajar los viernes por la tarde?
49. ¿Qué hace los domingos?
50. ¿Asiste a la iglesia?
51. ¿Es miembro de algún grupo religioso?

Preguntas relacionadas con la preferencia sexual

52. ¿Cuál es su orientación sexual?
53. ¿Es miembro de algún grupo de gays o lesbianas?
54. ¿Es usted heterosexual?
55. ¿Hace citas con miembros del sexo opuesto o del mismo sexo?

Preguntas relacionadas con las finanzas personales

56. ¿Cuál es su situación económica?
57. ¿Qué tipo de auto maneja?
58. ¿Quién pagó su educación?
59. ¿Tiene deudas?
60. ¿Alquila o es dueño de su casa?
61. ¿Tiene seguro?
62. ¿Cuánto vale su red (de contactos)?

Preguntas personales inaceptables: misceláneas

63. ¿Cuánto pesa?
64. ¿Qué lo ata a esta comunidad?
65. ¿Pertenece a organizaciones sociales o políticas?
66. ¿Cómo contribuye a la comunidad?

67. ¿Vive con alguien?
68. ¿Cuánto mide?
69. ¿Por quién votó en la última elección?
70. ¿A qué obras de caridad apoya?
71. ¿Estuvo en el servicio militar?
72. ¿Cree que puede trabajar con una persona más joven?
73. ¿Alguna vez lo arrestaron?
74. ¿Usted bebe?

A modo de síntesis

Si usted trabaja en una filial de empresa estadounidense le sugerimos tomar en cuenta la siguiente guía:

GUÍAS LEGALES
No debe preguntar a los postulantes sobre:

- Raza
- Religión
- Lugar de nacimiento del postulante
- Nacionalidad de los padres
- Estado civil
- Historia médica o problemas de salud
- Si es miembro de pubs, sociedades o clubes
- Niños: por ejemplo, cuidado durante horas laborales, etc.
- Nombre y dirección de alguna persona para notificar en caso de emergencia
- Nombre del cónyuge, o cualquier otra información sobre el mismo
- Lugar de nacimiento del cónyuge, padres o amigos del postulante
- Servicio militar y tipo de exoneración del servicio
- Sexo
- Estirpe, raza o nacionalidad
- Ciudadanía
- Lengua madre
- Edad
- Discapacidades
- Antecedentes penales
- Apellido de soltera

BIBLIOGRAFÍA

Alles, Martha Alicia, *Dirección estratégica de recursos humanos. Gestión por competencias*, Ediciones Granica, Buenos Aires, 2000, 2004. Obra en tres tomos, uno de ellos en Internet (www.granicaeditor.com/derrhh).

Alles, Martha Alicia, *Empleo: el proceso de selección*, Ediciones Macchi, Buenos Aires, 2001.

Alles, Martha Alicia, *Empleo: discriminación, teletrabajo y otras temáticas*, Ediciones Macchi, Buenos Aires, 1999.

Alles, Martha Alicia, *Gestión por competencias. El diccionario*, Ediciones Granica, Buenos Aires, 2002, 2003, 2004.

Alles, Martha Alicia. *La entrevista laboral*, Ediciones Granica, Buenos Aires, 1999.

Alles, Martha Alicia. *Desempeño por competencias. Evaluación de 360°*, Ediciones Granica, Buenos Aires, 2002, 2004.

Alles, Martha Alicia. *Mitos y verdades en la búsqueda laboral*, Ediciones Granica, Buenos Aires, 1997.

Arthur, Diane, *Selección efectiva de personal*, Grupo Editorial Norma, Bogotá, 1987.

Carreta, Antonio; Danziel, Murray; Mitrani, Alain, *Dalle Risorse Umane alle Competenze*, Editorial Franco Angelli/Azienda Moderna, Milán, 1992.

Corcodilos, Nick A., *Ask the headhunter, reinventing the interview to win the job*, A Plume Book, Penguin Group, Nueva York, 1997.

De Ansorena Cao, Álvaro, *15 pasos para la selección de personal con éxito*, Paidós Empresa, Barcelona, 1996.

Dessler, Gary, *Administración de personal*, Prentice-Hall Hispanoamericana S.A., México, 1994.

Doury, Jean Pierre, *Cómo conducir una entrevista de selección de personal*, El Ateneo, Buenos Aires, 1995.

Fear, Richard A, *La entrevista de evaluación*, Editorial Paidós, Buenos Aires, 1979.

Fear, Richard A. y Chiron, Robert J., *The evaluation interview*, McGraw-Hill, Nueva York, 1990.

Gaudet, Pierre-Pascal; Estier, Marylene y Riera, Elisabeth, *La búsqueda de empleo. Guía planificada para pequeñas empresas,* Cuadernos Granica, Buenos Aires, 1993.

Hackett, Penny, *The selection interview,* Institute of personnel and development, Londres, 1995.

Jenks, James M., *Personnel Forms Book, Hiring, Firing and everything in between,* Round Lake Publishing, Connecticut, 1992.

Jolis, Nadine, *Compétences et compétitivité. La juste alliance,* Les éditions d'organisations, París, 1998.

Levy-Leboyer, Claude, *La gestion des compétences,* Les éditions d'organisation, París, 1992. (En español, *Gestión de las competencias.* Ediciones Gestión 2000, Barcelona, 1997.)

Milkovich, George T., Boudreau, John W., *Dirección y administración de recursos humanos,* Editorial Addison-Wesley Iberoamericana, México, 1994.

OIT, Oficina Internacional del Trabajo. *Igualdad en el empleo y la ocupación,* Conferencia Internacional del Trabajo N° 83, Ginebra, 1996.

Ordóñez Ordóñez, Miguel, *La nueva gestión de los recursos humanos,* Ediciones Gestión 2000 S.A., Barcelona, 1995.

Rae, Leslie, *The skills of interviewing, a guide for managers y trainers,* Gower, Inglaterra, 1988.

Renckly, Richard G., *Human Resources,* Barron's Educational Series, 1997.

Spencer, Lyle M. y Spencer, Signe M., *Competence at work, models for superior performance,* John Willey & Sons, Inc., USA, 1993.

Ulrich, Dave, *Recursos Humanos Champions,* Ediciones Granica, Buenos Aires, 1997, 2003.

Wilson, Robert F., *Conducting better job interviews,* Barron's Educational Series, Inc., Nueva York, 1997.

UNAS PALABRAS
SOBRE LA AUTORA

Martha Alicia Alles se graduó en la Universidad Nacional de Buenos Aires con el título de contadora pública nacional y es doctoranda de la Universidad de Buenos Aires en la especialidad Administración. Tiene una amplia experiencia como docente universitaria, es profesora titular en los posgrados de la Universidad de Buenos Aires, la Universidad Católica de Santiago del Estero, la Universidad Nacional de Tucumán, la Universidad Nacional del Litoral, la Universidad de Palermo, la Universidad de Lima, entre otras.

Con 20 títulos publicados hasta el presente, es la autora argentina que ha escrito la mayor cantidad de libros sobre su especialidad. Cuenta con colecciones destinadas al management personal como también con libros sobre Recursos Humanos.

De su colección sobre recursos humanos podemos mencionar: *Dirección estratégica de Recursos Humanos. Gestión por competencias* (obra en tres tomos, uno de ellos en Internet, 2000/2004); *Gestión por competencias. El diccionario* (2002/2003/2004); *Desempeño por competencias. Evaluación de 360°* (2002/2004); *Diccionario de preguntas. Gestión por competencias* (2003); *Diccionario de comportamientos. Gestión por competencias* (2004); *Empleo: El proceso de selección* (1998/2001) y *Empleo: Discriminación, teletrabajo y otras temáticas* (1999). Y esta obra, *Elija al mejor. Cómo entrevistar por competencias* (1999 y nueva edición revisada y ampliada 2003/2004).

Su colección de libros destinados al management personal está compuesta por: *Las puertas del trabajo* (1995); *Mitos y verdades en la búsqueda laboral* (1997); *200 modelos de currículum* (1997); *Su primer currículum* (1997); *Cómo manejar su carrera* (1998); *La entrevista laboral* (1999); *Mujeres, trabajo y autoempleo* (2000).

Martha Alles es habitual colaboradora en medios tales como *Fortuna, Revista Conocimiento & Dirección y Mercado*, entre otros. Es columnista de diarios tales como *Infobae* y *El Cronista*, y participante de numerosas columnas técnicas en los diarios *Clarín, La Nación* y *La Gaceta de Tucumán*. Escribe en diversos portales, entre ellos "Bumeran.com", "Xcompetencias.com", "Weblaboral1.com".

Es invitada frecuentemente a participar de diversos programas en medios radiales y televisivos tanto de la Argentina como de otros países hispanoparlantes y conferencista invitada por diferentes organizaciones empresariales y educativas, tanto locales como internacionales.

Martha Alicia Alles es consultora Internacional en Gestión por Competencias. Es la autora latinoamericana con la mayor cantidad de títulos publicados sobre la temática. Sus libros se comercializan en toda Hispanoamérica.

Presidenta de **MARTHA ALLES CAPITAL HUMANO**, consultora regional que opera en toda América Latina, lo que le permite unir sus amplios conocimientos técnicos con su práctica profesional diaria. Ex socia de Ernst & Young y ex vicepresidenta de Top Management S.A., cuenta con una experiencia profesional de más de veinticinco años en su especialidad.

Martha Alles S.A.
Talcahuano 833 (Talcahuano Plaza), piso 2
Buenos Aires, Argentina
Tel. (54-11) 48 15 48 52

Para conocer más sobre la obra de Martha Alles

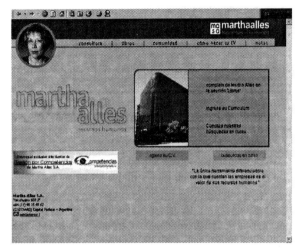

Página web de la autora

www.marthaalles.com

Rogamos escribir por e-mail a

alles@marthaalles.com.ar

Revista Técnica Virtual

Revista Técnica Virtual

www.xcompetencias.com

Rogamos escribir por e-mail a:

info@xcompetencias.com

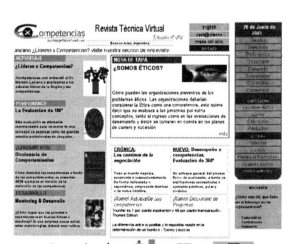